À plus! 5

cycle long

Grammatikheft

Französisch für Gymnasien

Cornelsen

À plus! 5 cycle long
Grammatikheft für den Französischunterricht an Gymnasien

Im Auftrag des Verlages erarbeitet von
Gertraud Gregor

und der Redaktion Französisch
Monika Schulze

Illustration: Laurent Lalo

Lay-out und Umschlaggestaltung: Regelindis Westphal

Technische Umsetzung: Satzinform, Berlin

Umschlagfotos: © Cornelsen, Schulz (oben), mauritius images: © Scott (unten)

www.cornelsen.de

1. Auflage, 5. Druck 2013

Alle Drucke dieser Auflage sind inhaltlich unverändert und
können im Unterricht nebeneinander verwendet werden.

Druck: Stürtz GmbH, Würzburg

ISBN 978-3-464-22093-1

Inhalt gedruckt auf säurefreiem Papier aus nachhaltiger Forstwirtschaft.

Hallo, liebe Schülerin, lieber Schüler,

am Anfang deines Grammatikheftes kannst du auf den Seiten 7 bis 39 im Kapitel „Was du schon weißt ..." die Grammatik nachschlagen, die du in ***À plus!* 1** bis **4** gelernt hast.

Das Grammatikheft 5 erklärt den gesamten Grammatikstoff deines Schülerbuchs ***À plus!* 5 *cycle long***.

Auf jeder Seite findest du französische Beispielsätze zum neuen Grammatikstoff. Schau sie dir gut an und versuche mit ihrer Hilfe eine Regel zu formulieren. Die **fett** oder farbig hervorgehobenen Satzteile helfen dir beim Finden der Regel. Auf dem gelben Streifen am rechten Seitenrand findest du ausführliche Erklärungen. Wenn diese mit einem ⚠ gekennzeichnet sind, handelt es sich um eine Ausnahme oder eine Besonderheit, die du dir gut anschauen solltest. Mit Hilfe der Bilder kannst du dir wichtige Regeln besser einprägen. Außerdem bekommst du auch ab und zu nützliche Lerntipps von Nathalie und Lucas.

Hervorhebung des Subjekts:	**c'est ... qui**
	ce sont ... qui
Hervorhebung der Ergänzung:	**c'est ... que**
	ce sont ... que

In den orangefarbenen Kästen findest du kurz gefasste Regeln oder Merksprüche. Die solltest du dir unbedingt einprägen.

Noch etwas: Auf dem gelben Streifen findest du hinter dem kleinen Buch die Antworten zu allen Fragen aus dem Kapitel Repères, das es in deinem Schülerbuch in jedem Dossier gibt. Wenn du dich zum Beispiel mit den Fragen aus den Repères auf eine Klassenarbeit vorbereiten willst, kannst du im Grammatikheft überprüfen, ob du die Aufgaben richtig gelöst hast.

📖 → 2: *C'est / ce sont ... qui* verwendest du zur Hervorhebung des Subjekts. *C'est / ce sont ... que* verwendest du zur Hervorhebung von Ergänzungen.

Im Inhaltsverzeichnis auf den Seiten 4 bis 6 kannst du nachschlagen, welche grammatischen Erscheinungen in den Unités behandelt werden. Wenn du gezielt einen bestimmten Begriff suchst, dann schlag das Grammatikheft ganz hinten auf (S. 55 bis 60). Dort findest du in einer Liste alle grammatischen Begriffe, die in ***À plus!* 1** bis **5** verwendet werden. Sie werden kurz erklärt und du kannst nachsehen, in welchem Abschnitt und auf welcher Seite sie behandelt werden.

mise en relief
(Hervorhebung), besondere Betonung eines Satzteils. Das Subjekt wird durch *c'est / ce sont ...* ***qui***, Ergänzungen durch *c'est / ce sont ...* ***que*** hervorgehoben: ***C'est*** *Sophie* ***qui*** *a téléphoné.* ***C'est*** *son roman* ***que*** *j'aime.* (10.1, S. 41)

Und nun viel Erfolg beim Französischlernen!

Inhaltsverzeichnis

Was du schon weißt

ANNEXE

Was du schon weißt ...

1 Das Nomen und sein Begleiter
Le nom et son déterminant

1.1 Die Begleiter
Les déterminants

Hier findest du eine Übersicht über die wichtigsten grammatischen Regeln aus ***À plus!* 1–4**, cycle long.

	männlich		weiblich	
	vor Konsonant	vor Vokal	vor Konsonant	vor Vokal
	bestimmter Artikel			
Singular	**le** livre	**l'**ami	**la** fille	**l'**idée
Plural	**les** livres / **les** amis / **les** filles / **les** idées			
	unbestimmter Artikel			
Singular	**un** livre / **un** ami		**une** fille / **une** idée	
Plural	**des** livres / **des** amis / **des** filles / **des** idées			
	Demonstrativbegleiter			
Singular	**ce** livre	**cet** ami	**cette** fille / **cette** idée	
Plural	**ces** livres / **ces** amis / **ces** filles / **ces** idées			
	Possessivbegleiter			
Singular	**mon** livre / **mon** ami **ton** livre / **ton** ami **son** livre / **son** ami		**ma** sœur **ta** sœur **sa** sœur	**mon** idée **ton** idée **son** idée
Plural	**mes** livres / **mes** amis / **mes** sœurs / **mes** idées **tes** livres / **tes** amis / **tes** sœurs / **tes** idées **ses** livres / **ses** amis / **ses** sœurs / **ses** idées			
Singular	**notre** livre / **notre** ami / **notre** sœur / **notre** idée **votre** livre / **votre** ami / **votre** sœur / **votre** idée **leur** livre / **leur** ami / **leur** sœur / **leur** idée			
Plural	**nos** livres / **nos** amis / **nos** sœurs / **nos** idées **vos** livres / **vos** amis / **vos** sœurs / **vos** idées **leurs** livres / **leurs** amis / **leurs** sœurs / **leurs** idées			
	Fragebegleiter			
Singular	**Quel** livre/ami?		**Quelle** fille/idée?	
Plural	**Quels** livres/amis?		**Quelles** filles/idées?	
	der unbestimmte Begleiter tout			
Singular	**tout** le livre	**tout** l'argent	**toute** la classe	**toute** l'armoire
Plural	**tous** les livres/amis		**toutes** les copines/amies	
	der unbestimmte Begleiter chaque			
Singular	**chaque** livre	**chaque** ami	**chaque** maison	**chaque** année

Den Plural des unbestimmten Artikels gibt es im Deutschen nicht.

Tout bedeutet im Singular *ganz*, im Plural *alle*.
Nach *tout* steht meistens ein weiterer Begleiter, z. B. *tout mon argent*.

Chaque ist unveränderlich.

1.2 Der Teilungsartikel und Mengenangaben mit de
L'article partitif et les quantifiants avec *de*

Elle achète	**du**	pain,	... Brot
	de la	farine,	... Mehl
	de l'	eau minérale.	... Mineralwasser

Der Teilungsartikel hat die gleiche Form wie der zusammengezogene Artikel mit der Präposition *de: du, de la, de l'*.
Im Deutschen gibt es keinen Teilungsartikel.
Nach Mengenangaben verwendest du *de* und dann das Nomen ohne Artikel. Wenn du vor einem Nomen keine bestimmte Menge angibst, musst du den Teilungsartikel verwenden.

Teilungsartikel	Mengenangaben

Il faut **de la** farine.	J'ai un kilo **de** farine.

Il y a **du** coca sur la table.	Je prends un verre **de** coca.

Je donne **du** lait à mon chat.	J'achète une bouteille **de** lait.

Teilungsartikel: de + le = **du**
de + la = **de la**
de + l' = **de l'**

1.3 Der Plural der Nomen
Le pluriel des noms

le garçon – les garçon**s**
la fille – les fille**s**
l'ordinateur – les ordinateur**s**
le caillou – les caillou**x**

Die meisten französischen Nomen bilden den Plural mit *-s*, selten mit *-x*.

le prix – les prix
l'atlas – les atlas
la souris – les souris

Nomen, die auf *-s* oder *-x* enden, bekommen im Plural kein weiteres *-s* oder *-x* hinzu.

l'oiseau – les oiseau**x**
le château – les château**x**

Alle Nomen, die auf *-eau* enden, bilden den Plural mit *-x*.

le journal – les journ**aux**
l'animal – les anim**aux**
l'hôpital – les hôpit**aux**

Nomen, die auf *-al* enden, haben die Pluralendung *-aux*.
⚠ Ausnahme: *le festival – les festivals*

2 Das Adjektiv
L'adjectif

2.1 Die Veränderlichkeit des Adjektivs
L'accord de l'adjectif

	männlich	weiblich	
Singular Plural	un **grand** garçon de **grands** garçons	une **grande** fille de **grandes** filles	Adjektive können verschiedene Endungen haben. Es gibt Adjektive, – die für die weibliche Form ein *-e* an die männliche Form anhängen. Das ist die größte Gruppe von Adjektiven.
Singular Plural	un garçon **drôle** des garçons **drôles**	une fille **drôle** des filles **drôles**	– deren männliche Form auf *-e* endet und an die deshalb für die weibliche Form kein weiteres *-e* angehängt wird.
Singular Plural	mon **premier** message mes **premiers** messages	ma **première** lettre mes **premières** lettres	– deren männliche Form auf *-er* und deren weibliche Form auf *-ère* endet.
Singular Plural	un cadeau **original** des cadeaux **originaux**	une idée **originale** des idées **originales**	– deren männliche Singularform auf *-al* und die männliche Pluralform auf *-aux* endet.
Singular Plural	un **bon** repas de **bons** repas	une **bonne** idée de **bonnes**‿idées	– die für die weibliche Form nicht nur ein *-e* anhängen, sondern auch den Endkonsonanten verdoppeln. Ebenso: *nul, gentil, parisien, pareil.*
Singular Plural	un garçon **courageux** des garçons **courageux**	une fille **courageuse** des filles **courageuses**	– deren männliche Form auf *-eux* und deren weibliche Form auf *-euse* endet.
Singular Plural	un garçon **sportif** des garçons **sportifs**	une fille **sportive** des filles **sportives**	– deren männliche Form auf *-if* und deren weibliche Form auf *-ive* endet.
Singular Plural	un **beau** chat un **bel** avion de **beaux** chats de **beaux**‿avions	une **belle** maison une **belle** armoire de **belles** maisons de **belles**‿armoires	– die drei Formen im Singular haben: eine weibliche Form, eine männliche Form für Nomen, die mit einem Konsonanten beginnen, und eine männliche Form für Nomen, die mit einem Vokal beginnen. Ebenso: *nouveau, vieux.*
Singular Plural	un film **super** des films **super**	une cassette **super** des cassettes **super**	– die unveränderlich sind. Ebenso: *sympa* und *cool.*

2.2 Unregelmäßige Adjektive
Adjectifs irréguliers

	männlich	weiblich	
Singular Plural	un pantalon **blanc** [blɑ̃] des pantalons **blancs** [blɑ̃]	une robe **blanche** [blɑ̃ʃ] des robes **blanches** [blɑ̃ʃ]	Die unregelmäßigen Adjektive lernst du am besten auswendig.
Singular Plural	un imper **long** [lɔ̃] des impers **longs** [lɔ̃]	une jupe **longue** [lɔ̃g] des jupes **longues** [lɔ̃g]	

2.3 Die Stellung des Adjektivs
La place de l'adjectif

J'aime les vêtements **bleus/noirs/verts.**
J'ai lu un livre **intéressant/anglais/formidable.**

Die meisten französischen Adjektive stehen hinter dem Nomen, zu dem sie gehören.

Anne a une **grande/petite** chambre.
Pierre a un **nouveau/beau** sweat.
Ils ont une **jeune/jolie** prof.
C'est une **bonne/mauvaise** idée.
Jean lit un **gros/vieux** livre.

Nur wenige Adjektive stehen vor dem Nomen.
Lerntipp: Lerne die Adjektive, die vor dem Nomen stehen, auswendig.

Cet après-midi, je vais acheter **des** cadeaux.
Aber: Je cherche **de** petits cadeaux pour mes copains.

⚠ Steht vor einem Nomen im Plural ein Adjektiv, wird der unbestimmte Artikel *des* zu *de*.

2.4 Der Komparativ des Adjektivs
Le comparatif de l'adjectif

Den Komparativ des Adjektivs bildest du mit *plus/aussi/moins* + Adjektiv + *que*.

Sophie est **plus** grande **que** Kira.

Louise est **aussi** grande **qu'**Amélie.

Sarah est **moins** grande **que** Max.

Komparativ: **plus** / **aussi** / **moins** + Adjektiv + **que**

⚠ Der Komparativ von *bon/ne* lautet *moins bon/ne que*, aber *meilleur/e que*.

Yann est meilleur en maths **que** Luc.
Clémence est meilleure en français **qu'**en allemand.
Tes exposés sont meilleurs **que** les exposés de Lucie.
Les notes de Léo sont meilleures **que** les notes de Marie.

Meilleur/e wird wie andere Adjektive auch an das Bezugsnomen angeglichen.

2.5 Der Superlativ des Adjektivs
Le superlatif de l'adjectif

Sophie est **la** fille la plus cool de la classe.
C'est **le** prof le moins sévère de notre école.
Fabien et Denis sont **les** garçons les plus drôles de ma classe.

Den Superlativ bildest du mit *le/la/les* + *plus* + Adjektiv oder mit *le/la/les* + *moins* + Adjektiv. Adjektive, die hinter dem Nomen stehen, stehen auch im Superlativ immer hinter dem Nomen.

Superlativ: **le** / **la** / **les** + **plus** / **moins** + Adjektiv

C'est un **jeune** prof.	→ C'est **le plus jeune** prof.
	→ C'est le prof **le plus jeune**.
C'est une **belle** couleur.	→ C'est **la plus belle** couleur.
	→ C'est la couleur **la plus belle**.

Adjektive, die vor dem Nomen stehen, können im Superlativ vor oder hinter dem Nomen stehen.

C'est un bon livre.	→ C'est **le meilleur** livre du mois.
Marie est ma copine.	→ Elle est **ma meilleure** copine.

⚠ Der Superlativ von *bon/ne* lautet *le/la/les + moins + bon/ne(s)*, aber *le/la/les meilleur/e(s)*. *Le/La/Les meilleur/e(s)* steht immer vor dem Nomen.

	bon/bonne
Komparativ	meilleur/meilleure
	meilleurs/meilleures
Superlativ	le meilleur / la meilleure
	les meilleurs / les meilleures

3 Das Adverb
L'adverbe

3.1 Die Bildung des Adverbs
La formation de l'adverbe

Adverbien auf -ment

facile	→ **facilement**
normal/normale	→ **normalement**
heureux/heureuse	→ **heureusement**
long/longue	→ **longuement**

Die meisten Adverbien werden von Adjektiven abgeleitet: An die weibliche Form des Adjektivs hängst du die Endung *-ment* an.
⚠ Adverbien sind unveränderlich.

Adverbien auf -emment

différent/différente	→ différ**emment**
évident/évidente	→ évid**emment**
intelligent/intelligente	→ intellig**emment**
prudent/prudente	→ prud**emment**

Adjektive, die auf *-ent* enden, bilden Adverbien auf *-emment*.

Adverbien auf -amment

courant/courante → cour**amment**
constant/constante → const**amment**
méchant/méchante → méch**amment**

Adjektive, die auf *-ant* enden, bilden Adverbien auf ***-am****ment*.

Adverbien auf -ément

énorme → énorm**ément**
intense → intens**ément**

Einige Adjektive bilden Adverbien auf ***-é****ment*. Die musst du auswendig lernen.

Unregelmäßige Adverbien

vrai/vraie → **vraiment**
gentil/gentille → **gentiment**
bon/bonne → **bien**
mauvais/mauvais → **mal**

⚠ Einige Adverbien sind unregelmäßig.

Ursprüngliche Adverbien

Il fait **très/trop/assez** chaud aujourd'hui.
Paul a **beaucoup/vite/mal/bien** mangé ce soir.
Je suis **aussi** malade.

Es gibt auch Adverbien, die nicht an der Endung *-ment* zu erkennen sind. Sie werden ursprüngliche Adverbien genannt.

Adjektive, von denen man kein Adverb ableitet

Elle parle **de manière vivante**.
Il conduit **de manière sportive**.
Elles s'habillent souvent **de manière ridicule**.

⚠ Du kannst nicht von jedem französischen Adjektiv ein Adverb ableiten. Für fehlende Adverbien kannst du den Ausdruck *de manière* + Adjektiv verwenden.

3.2 Der Gebrauch des Adverbs
L'emploi de l'adverbe

Jérémy court **vite**.
Je trouve ce château **extrêmement** beau.
Laura parle **trop** vite.
Normalement, il arrive à 8 heures.

Adverbien beziehen sich auf Verben,
- Adjektive,
- andere Adverbien,
- Sätze und beschreiben diese näher.

Lise est **très** grande.
Thomas chante **très** bien.
J'ai **très** soif.
Marine a **très** envie de retourner à Nantes.
Fabien a **très** peur de rater son examen.

Très bezieht sich auf Adjektive,
- Adverbien,
- Nomen in Ausdrücken mit *avoir* + Nomen *(avoir faim/soif/envie/mal/peur)*. *Très* wird mit *sehr* ins Deutsche übersetzt.

Clara aime **beaucoup** le cinéma.
Henri écrit **beaucoup** plus qu'avant.
Il écrit **beaucoup** mieux que ses camarades.

Beaucoup bezieht sich auf Verben,
- auf die Adverbien *plus, mieux, moins* und *trop*. Auch *beaucoup* wird mit *sehr* ins Deutsche übersetzt.

3.3 Die Stellung des Adverbs beim Verb
La place de l'adverbe avec un verbe

Sadid voyage **beaucoup**.	présent	Bei einfachen Zeiten steht das Adverb hinter dem Verb.
Il ira **bientôt** en France.	futur simple	
Ses parents connaissaient **bien** la France.	imparfait	
Sadid a **beaucoup** voyagé.	passé composé	Bei zusammengesetzten Zeiten stehen die meisten Adverbien zwischen Hilfsverb und Partizip Perfekt bzw. Infinitiv. In Sätzen mit Modalverb stehen Adverbien zwischen Modalverb und Infinitiv.
Il va **bientôt** aller en France.	futur composé	
Océanne était **déjà** allée en Italie.	plus-que-parfait	
Elle veut **bientôt** aller en France.	Modalverb + Infinitiv	

Il a **parfaitement** compris ce que j'ai dit.
oder: Il a compris **parfaitement** ce que j'ai dit.

Längere Adverbien können vor oder hinter dem Partizip Perfekt stehen.

Adverbien, die einen Ort oder einen Zeitpunkt angeben, stehen in der Regel hinter dem Partizip Perfekt.

3.4 Der Komparativ des Adverbs
Le comparatif de l'adverbe

- \+ Brandon court **plus vite que** Tim.
- = Marion court **aussi vite que** Tim.
- – Hannah court **moins vite que** les autres.

Französische Adverbien werden genauso gesteigert wie französische Adjektive: Du stellst *plus/aussi/moins* vor das Adverb und das Vergleichswort *que* dahinter.

Komparativ:	**plus**	
	aussi	+ Adverb + **que**
	moins	

3.5 Der Superlativ des Adverbs
Le superlatif de l'adverbe

- \+ Victor marche le **plus vite**.
- = Emma marche **aussi vite que** Jérôme.
- – Baptiste marche le **moins vite**.

Den Superlativ des Adverbs bildest du, indem du *le plus* oder *le moins* vor das Adverb stellst.

Superlativ:	**le plus** **le moins**	+ Adverb

	Komparativ	Superlativ	
bien	mieux	le mieux	gut – besser – am besten
beaucoup	plus	le plus	viel – mehr – am meisten
peu	moins	le moins	wenig – weniger – am wenigsten

⚠ Die Komparative und die Superlative von *bien, beaucoup* und *peu* sind unregelmäßig.

4 Das Pronomen
Le pronom

4.1 Das Personalpronomen und das Objektpronomen
Le pronom personnel et le pronom objet

		verbundene Personalpronomen	unverbundene Personalpronomen	direkte Objektpronomen	indirekte Objektpronomen
Singular	1. Person	je	moi	me/m'	me/m'
	2. Person	tu	toi	te/t'	te/t'
	3. Person	il/elle	lui/elle	**le/la/l'**	**lui**
Plural	1. Person	nous	nous	nous	nous
	2. Person	vous	vous	vous	vous
	3. Person	ils/elles	eux/elles	**les**	**leur**

Du kennst verbundene und unverbundene Personalpronomen, direkte und indirekte Objektpronomen. Die direkten und indirekten Objektpronomen unterscheiden sich nur in der 3. Person Singular und Plural.
Die Stellung der Objektpronomen im Satz kannst du im Abschnitt 8.2, *Die Wortstellung im Aussagesatz,* auf S. 33 nachsehen.

Je n'ai pas fait mes devoirs **moi-même.**	Ich habe ... selbst ...
Tu as fait cet exercice **toi-même**?	Hast du ... selbst ...
Damien a écrit ce poème **lui-même.**	Damien hat ... selbst ...
La directrice est venue **elle-même.**	Die Direktorin ist selbst ...
Nous le faisons **nous-mêmes.**	Wir machen es selbst.
Vous avez écrit cet article **vous-même**?	Habt ihr ... selbst ...
Ils ont fait la cuisine **eux-mêmes.**	Sie haben selbst ...

Die unverbundenen Personalpronomen können mit *-même* verstärkt werden. Zwischen dem Pronomen und *même* steht ein Bindestrich. Nach einem Pronomen im Plural steht *-mêmes.*

On peut aller à Paris **soi-même.**	Man kann selbst ...
Chacun peut lire cet article **soi-même.**	Jeder kann ... selbst ...
Il faut faire cette expérience **soi-même.**	Man muss ... selbst ...

Soi-même verwendest du nach Subjekten, die keine bestimmten Personen bezeichnen *(on* und *chacun)* und nach unpersönlichen Ausdrücken, z. B. *il faut.*

4.2 Das Pronomen en
Le pronom *en*

Das Pronomen *en* ersetzt Ergänzungen, die mit *de* eingeleitet werden. Diese Ergänzungen können sein:

– Ortsangaben mit *de*,

– Quand est-ce que tu repars de Paris? – J'**en** repars demain.

– Quand est-ce que tu sors de l'école? – J'**en** sors vers 16 heures.

– indirekte Objekte mit *de*,

– Tu as besoin de ton dictionnaire? – Non, je n'**en** ai pas besoin.

– Mengenangaben mit *de*,

– Tu prends un peu de salade? – Oui, j'**en** prends un peu.

– direkte Objekte mit einem unbestimmten Artikel *(un/e, des)* oder mit dem Teilungsartikel.

– Vous avez acheté une baguette? – Nous **en** avons acheté trois.

– Tu manges du poisson? – Oui, j'**en** mange beaucoup.

4.3 Das Pronomen y
Le pronom *y*

Das Pronomen *y* ersetzt alle anderen Ortsangaben, die z. B. mit *à, dans, en, sur, sous* eingeleitet werden. Du kannst *y* mit *dort, dorthin* oder *da* übersetzen.

– Tu vas au cinéma ce soir? – Oui, j'**y** vais.

– Pierre est déjà allé en France? – Oui, il **y** est déjà allé.

– Sophie est dans la cuisine? – Non, elle n'**y** est pas.

4.4 Das Relativpronomen
Le pronom relatif

qui

Elle voit un garçon	**qui** joue de la guitare.	... einen Jungen, **der** ...
Tu as une copine	**qui** fait du trapèze?	... eine Freundin, **die** ...
Il voit une fille	**qui** joue du piano.	... ein Mädchen, **das** ...
Elles voient des garçons	**qui** dansent.	... Jungen, **die** ...
Ils voient des filles	**qui** chantent.	... Mädchen, **die** ...

Das Relativpronomen *qui* ist unveränderlich und bezieht sich auf männliche und weibliche Nomen (Personen und Sachen), die im Singular oder Plural stehen. Ins Deutsche wird *qui* mit *der, die, das* oder *die* (Plural) übersetzt. *Qui* ist immer das Subjekt des Relativsatzes. Auf *qui* folgt deshalb ein Verb.

que

Il appelle l'ami	**qu'**il veut inviter.	... den Freund, **den** ...
J'écoute le CD	**que** tu aimes.	... die CD, **die** ...
Quelle est la chanson	**que** tu préfères?	... das Lied, **das** ...
Voilà les garçons	**que** tu cherches.	... die Jungen, **die** ...
Tu connais les filles	**que** Luca appelle?	... die Mädchen, **die** ...

Das Relativpronomen *que* ist unveränderlich und bezieht sich auf männliche und weibliche Nomen (Personen und Sachen), die im Singular oder Plural stehen. Ins Deutsche wird *que* mit *den, die, das* oder *die* (Plural) übersetzt. *Que* ist das Objekt des Relativsatzes. Auf *que* folgt das Subjekt des Relativsatzes.

ce qui / ce que

Je ne sais pas **ce qui** l'intéresse. — ..., **was** ihn interessiert.
Lucie fait **ce qui** lui plaît. — ..., **was** ihr gefällt.
Je n'ai pas compris **ce qu'**il a dit. — ..., **was** er gesagt hat.
Tu sais **ce que** tu veux? — ..., **was** du willst?

Die Relativpronomen *ce qui* und *ce que* beziehen sich auf Sachverhalte und werden beide mit *was* übersetzt. *Ce qui* ist das Subjekt des Relativsatzes, auf *ce qui* folgt ein Verb. *Ce que* ist das direkte Objekt des Relativsatzes, auf *ce que* folgt das Subjekt des Relativsatzes.
Die Relativpronomen *ce qui* und *ce que* verwendest du auch in der indirekten Frage (s. 8.8, S. 38).

où

Le café **où** ils veulent aller est loin d'ici. — Das Café, **in das** sie ...
Je connais le village **où** tu habites. — ... das Dorf, **wo / in dem** du ...

Das Relativpronomen *où* steht anstelle einer Ortsangabe. Auf *où* folgt das Subjekt des Relativsatzes. *Où* ist unveränderlich.

dont

Le premier jour était un choc. Je me souviens bien de ce choc.
Le premier jour était un choc **dont** je me souviens bien.

Das Relativpronomen *dont* ist unveränderlich. Auf *dont* folgt das Subjekt des Relativsatzes.

Tu connais le programme **dont** j'ai oublié le nom?
(→ J'ai oublié le nom de ce programme.)

Marc parle du séjour en France **dont** il rêve depuis longtemps.
(→ Il rêve de ce séjour depuis longtemps.)

Qui est le garçon **dont** Sophie est tombée amoureuse?
(→ Sophie est tombée amoureuse d'un garçon.)

Dont steht für Ergänzungen
– eines Nomens,
– eines Verbs oder
– eines Adjektivs,
die mit *de* eingeleitet werden.

parler de qn/qc
Le séjour **dont** elle parle ... — ..., **von dem** sie spricht, ...

s'occuper de qn/qc
Le programme **dont** elle s'occupe ... — ..., **um das** sie sich kümmert, ...

avoir envie de qc
Le voyage **dont** j'ai envie ... — ..., **auf die** ich Lust habe, ...

avoir besoin de qc
Le livre **dont** j'ai besoin ... — ..., **das** ich brauche, ...

être content de qc
Ces notes **dont** il est content ... — ..., **über die** er glücklich ist, ...

être fier de qc
Voilà les photos **dont** il est fier. — ..., **auf die** er stolz ist.

Da *dont* verschiedenartige Ergänzungen mit *de* vertritt, kann es ganz unterschiedlich ins Deutsche übersetzt werden. Merke dir diese häufigen Verwendungen mit *dont*.

lequel

Le livre **avec** lequel j'apprends le français s'appelle ***À plus!***

Il y a des textes **dans** lesquels Voltaire se moque de la justice.

Das Relativpronomen *lequel* ist nach Genus (Geschlecht) und Numerus (Zahl) veränderlich. Du verwendest das Relativpronomen *lequel* nach Präpositionen *(à, de, avec, dans, pour, sans* usw*)*.

Ce sont ces textes **à cause** desquels il doit prendre la fuite.

Quelle est la raison **pour** laquelle il doit quitter Potsdam?

Ce sont ses idées auxquelles Frédéric s'intéresse beaucoup.

Lequel und *lesquels/lesquelles* werden mit den Präpositionen *à* und *de* zusammengezogen, auch wenn *à* und *de* Teil eines präpositionalen Ausdrucks sind, z. B.: *autour de, près de, en face de, à cause de.* Du verwendest *lequel*, wenn das Bezugswort eine Sache ist.

	männlich	weiblich
Singular	lequel	laquelle
mit à	**au**quel	à laquelle
mit de	**du**quel	de laquelle
Plural	lesquels	lesquelles
mit à	**aux**quels	**aux**quelles
mit de	**des**quels	**des**quelles

La copine **à qui** j'ai écrit une lettre s'appelle Estelle.

Les copains **pour qui** j'ai acheté un souvenir habitent à Lyon.

⚠ Ist das Bezugswort eine Person, verwendest du in der Regel Präposition + *qui*.

J'ai beaucoup d'amis **parmi** lesquels il y a aussi des Anglais.

Je ne connais pas les filles **entre** lesquelles Fabien est assis.

⚠ Mit den Präpositionen *entre* und *parmi* verwendest du immer *lequel*, auch wenn das Bezugswort eine Person (oder mehrere Personen) ist.

4.5 Das Fragepronomen lequel
Le pronom interrogatif *lequel*

Tu connais ce film?	**Lequel?**	Welchen?
J'ai lu ses romans.	**Lesquels?**	Welche?
J'aime bien cette histoire.	**Laquelle?**	Welche?
J'aime bien ses idées.	**Lesquelles?**	Welche?

Das Fragepronomen *lequel* hat dieselbe Form wie das Relativpronomen *lequel*. Es ersetzt das Nomen, nach dem es fragt. Das Fragepronomen *lequel* gleichst du in Genus (Geschlecht) und Numerus (Zahl) dem Nomen an, das es ersetzt.

Frage**begleiter**	Frage**pronomen**
quel CD?	**lequel**?
quelle cassette?	**laquelle**?
quels films?	**lesquels**?
quelles adresses?	**lesquelles**?

Das Fragepronomen setzt du aus einem bestimmten Artikel *(le, la, les)* und einer Form des Fragebegleiters *quel* zusammen.

Elle parle beaucoup de cette histoire.	**De** laquelle?
Je m'intéresse beaucoup à tes idées.	**Aux**quelles?
J'ai besoin de ce livre.	**Du**quel?
J'ai beaucoup réfléchi à ce problème.	**Au**quel?

Das Fragepronomen *lequel* kannst du mit den Präpositionen *à* und *de* verwenden. *Lequel, lesquels* und *lesquelles* werden wie die bestimmten Artikel mit den Präpositionen *à* und *de* zusammengezogen.

5 Bruchzahlen
Les fractions

$^{1}/_{2}$	un **demi**	$^{2}/_{2}$	les deux demi**s**
$^{1}/_{3}$	un **tiers**	$^{2}/_{3}$	les deux tiers
$^{1}/_{4}$	un **quart**	$^{3}/_{4}$	les trois quart**s**
$^{1}/_{5}$	un cinquième	$^{4}/_{5}$	les quatre cinquième**s**
$^{1}/_{10}$	un dixième	$^{7}/_{10}$	les sept dixième**s**

Den Zähler der Bruchzahl bildest du mit der Grundzahl, den Nenner mit der Ordnungszahl. Ausnahmen: *un demi, un tiers, un quart*. Ist der Zähler größer als 1, setzt du den Nenner in den Plural.

$1\,^{1}/_{2}$	un et demi
$1\,^{3}/_{4}$	un (et) trois quarts
$2\,^{1}/_{5}$	deux (et) un cinquième

Nach einer ganzen Zahl schließt du *demi* immer mit *et* an. Andere Brüche kannst du mit oder ohne *et* anschließen.

En Tunisie, **les** deux tiers des hommes travaillent.
Par contre, **les** trois quarts des femmes ne travaillent pas.

Vor Brüchen, deren Zähler größer als 1 ist, verwendest du den bestimmten Artikel im Plural.

Deux cinquièmes plus deux cinquièmes font quatre cinquièmes.
Trois quarts et trois quarts font un et demi.

In Rechenaufgaben verwendest du keinen Artikel vor Brüchen.

6 Das Verb
Le verbe

6.1 Verbarten
Les types de verbes

Vollverben

Vollverben drücken eine Handlung oder einen Zustand aus.

parler	Il **parle** avec Manon.
sortir	Tu **sors** de l'école à 16 heures?
prendre	Le matin, je **prends** toujours le bus.

Avoir, être und *aller* sind Voll- und Hilfsverben.

avoir	Ils **ont** un chien.
être	Je **suis** à Paris.
aller	Elles **vont** au cinéma.

Die reflexiven Verben werden immer mit einem Reflexivpronomen zusammen verwendet. Die Reflexivpronomen stehen immer direkt vor dem Verb.

s'occuper	Je **m'occupe** de la fille de nos voisins.
se cacher	Lucie **s'est cachée** derrière un arbre.
s'intéresser	Ben et Ali **s'étaient intéressés** à l'histoire.

Hilfsverben

Mit den Hilfsverben bildest du die zusammengesetzten Zeiten.

avoir	Ils **ont** joué au foot.	passé composé
être	Il **était** allé à Paris.	plus-que-parfait
aller	Elles **vont** prendre le bus.	futur composé

Modalverben

Nach den Modalverben steht der Infinitiv eines anderen Verbs. Mit Modalverben kannst du ausdrücken, ob eine Handlung gewünscht, nötig oder möglich ist.

devoir	Tu **dois** rentrer à quelle heure?
pouvoir	Je **peux** t'attendre après les cours.
vouloir	Nathan ne **veut** pas passer les vacances en Espagne.
savoir	Aurélie **sait** déjà nager.

6.2 Die Formen des Verbs
Les formes du verbe

Nicht konjugierte Verbformen

Der Infinitiv ist die Grundform des Verbs. Ein Verb findest du im Infinitiv im Wörterbuch.
An der Endung des Infinitivs kannst du häufig erkennen, zu welcher Konjugationsgruppe ein Verb gehört, z. B. zu den Verben auf *-er* oder auf *-dre*.

regard**er**
réag**ir**
atten**dre**
avoir
être

Konjugierte Verbformen

	Stamm	Endung	
tu	regard	-es	(2. Person Singular présent)
il/elle	regard	-era	(3. Person Singular futur simple)
ils/elles	regard	-aient	(3. Person Plural imparfait)

je regard	-e	[ʒəʀəgaʀd]
tu regard	-es	[tyʀəgaʀd]
il/elle regard	-e	[ilʀəgaʀd/ɛlʀəgaʀd]
ils/elles regard	-ent	[ilʀəgaʀd/ɛlʀəgaʀd]
nous regard	-ons	[nuʀəgaʀdɔ̃]
vous regard	-ez	[vuʀəgaʀde]

Jedes Verb kommt in unterschiedlichen Formen vor: Es wird konjugiert. Die konjugierten Verbformen bestehen aus Stamm und Endung. Die Endung zeigt die Person und die Zeit an, in der das Verb steht. (s. 19, S. 61)

Es gibt stammbetonte und endungsbetonte Verbformen. Die Endungen der 1., 2., 3. Person Singular und der 3. Person Plural werden nicht ausgesprochen. Diese Verbformen sind **stammbetont**.

Die Endungen der 1. und 2. Person Plural werden ausgesprochen. Diese beiden Verbformen sind **endungsbetont.**

6.3 Die Hilfsverben
Les verbes auxiliaires

	avoir		être		aller
j'	ai	je	suis	je	vais
tu	as	tu	es	tu	vas
il/elle	a	il/elle	est	il/elle	va
nous	avons	nous	sommes	nous	allons
vous	avez	vous	êtes	vous	allez
ils/elles	ont	ils/elles	sont	ils/elles	vont

6.4 Die Zeitformen des Verbs
Les temps du verbe

le présent

	Verben auf -er	Verben auf -ir/-re	pouvoir/vouloir
Singular	-e -es -e	-s -s -t (-d)	-x -x -t
Plural		-ons -ez -ent	

In der Tabelle findest du die Verbendungen französischer Verben im Präsens. Von diesem Schema weichen einige unregelmäßige Verben ab. Die Konjugation der Verben findest du im Anhang deines Schülerbuches ***À plus!*** **5**, S. 128.

le passé composé

j'	ai	cherché	je	suis	entré/entrée
tu	as	cherché	tu	es	entré/entrée
il/elle	a	cherché	il/elle	est	entré/entrée
on	a	cherché	on	est	entrés/entrées
nous	avons	cherché	nous	sommes	entrés/entrées
vous	avez	cherché	vous	êtes	entré(s)/entrée(s)
ils/elles	ont	cherché	ils/elles	sont	entrés/ entrées

Das *passé composé* wird aus der Präsensform eines Hilfsverbs *(avoir* oder *être)* und dem Partizip Perfekt gebildet. Nach dem Hilfsverb *être* musst du das Partizip dem Subjekt in Genus (Geschlecht) und Numerus (Zahl) angleichen.
⚠ Das *passé composé* von *être* bildest du mit dem Hilfsverb *avoir: J'**ai été** à Paris.*

passé composé mit être

aller	monter	rester	tomber
arriver	partir	retourner	venir
descendre	passer en	revenir	
entrer	rentrer	sortir	

Diese Verben und alle reflexiven Verben haben im *passé composé* das Hilfsverb *être*.
⚠ Das *passé composé* von *courir, marcher* und *nager* wird mit dem Hilfsverb *avoir* gebildet: *Il **a** couru. Er **ist** gerannt.*

l'imparfait

(nous) finiss~~ons~~ ►

je	finiss**ais**
tu	finiss**ais**
il/elle/on	finiss**ait**
nous	finiss**ions**
vous	finiss**iez**
ils/elles	finiss**aient**

Das *imparfait* bildest du aus dem Stamm der 1. Person Plural Präsens, an den du die Personalendung des *imparfait* anhängst: *-ais, -ais, -ait, -ions, -iez, -aient.*
⚠ Eine Ausnahme bildet nur das Verb *être*. Der Stamm des *imparfait* ist *ét-*. An diesen Stamm hängst du die *imparfait*-Endungen an, z. B. *j'étais.*

le plus-que-parfait

j'	avais regardé	j'	étais allé/allée
tu	avais regardé	tu	étais allé/allée
il/elle/on	avait regardé	il/elle	était allé/allée
		on	était allés/allées
nous	avions regardé	nous	étions allés/allées
vous	aviez regardé	vous	étiez allé(s)/allée(s)
ils/elles	avaient regardé	ils/elles	étaient allés/allées

Du bildest das *plus-que parfait* mit der *imparfait*-Form eines Hilfsverbs *(avoir* oder *être)* und dem Partizip Perfekt eines Verbs. Im Deutschen wird das Plusquamperfekt genauso gebildet *(Ich **war** gegangen)*.
Nach dem Hilfsverb *être* gleichst du das Partizip Perfekt in Geschlecht und Zahl an das Subjekt an.

le passé simple

Die Formen des *passé simple* bestehen aus dem Stamm des Verbs und den Endungen des *passé simple:*
– *-ai, -as, -a, -âmes, -âtes, -èrent* für die Verben auf *-er,*
– *-is, -is, -it, -îmes, -îtes, -irent* für die Verben auf *-re* und *-ir.*

parl~~er~~ +	**-ai**	je	parlai
	-as	tu	parlas
	-a	il/elle	parla
	-âmes	nous	parlâmes
	-âtes	vous	parlâtes
	-èrent	ils/elles	parlèrent

attend~~re~~ / fin~~ir~~ / part~~ir~~ +	**-is**	j'	attendis
	-is	tu	finis
	-it	il/elle	partit
	-îmes	nous	attendîmes
	-îtes	vous	finîtes
	-irent	ils/elles	partirent

	avoir		être		faire
j'	**eus**	je	**fus**	je	**fis**
tu	**eus**	tu	**fus**	tu	**fis**
il/elle	**eut**	il/elle	**fut**	il/elle	**fit**
nous	**eûmes**	nous	**fûmes**	nous	**fîmes**
vous	**eûtes**	vous	**fûtes**	vous	**fîtes**
ils/elles	**eurent**	ils/elles	**furent**	ils/elles	**firent**

⚠ Die *passé-simple*-Formen der Verben *avoir, être* und *faire* sind unregelmäßig.

le futur composé

Du bildest das *futur composé* mit der Präsensform des Verbs *aller* und dem Infinitiv eines Verbs.

Je	**vais aller**	à la mer.
Tu	**vas acheter**	un cadeau?
Il/Elle	**va rentrer**	à huit heures.
Nous	**allons faire**	les exercices ensemble.
Vous	**allez faire**	une excursion?
Ils/Elles	**vont regarder**	un film.

le futur simple

Du bildest das *futur simple,* indem du an die Infinitive der meisten Verben, die auf *-er* oder *-ir* enden, die Endungen des *futur simple -ai, -as, -a, -ons, -ez, -ont* anhängst.

Verben auf -er und -ir

parler / finir +	**-ai**	je	parlerai	je	finirai
	-as	tu	parleras	tu	finiras
	-a	il/elle	parlera	il/elle	finira
	-ons	nous	parlerons	nous	finirons
	-ez	vous	parlerez	vous	finirez
	-ont	ils/elles	parleront	ils/elles	finiront

Besondere Verben auf -er

acheter → j'achète → j'achèterai
préférer → je préfère → je préférerai

appeler → j'appelle → j'appellerai
jeter → je jette → je jetterai
payer → je paie → je paierai

⚠ Bei Verben auf *-er*, die eine Besonderheit in der Schreibweise haben, musst du zur Bildung des *futur simple* von der 1. Person Singular Präsens ausgehen.

Verben auf -re

attendr~~e~~ → j'attendr**ai**
lir~~e~~ → je lir**ai**
mettr~~e~~ → je mettr**ai**
prendr~~e~~ → je prendr**ai**

Die Verben auf *-re* verlieren im *futur simple* das *-e* des Infinitivs.

Ausnahmen

être	→ je **serai**	pouvoir	→ je **pourrai**
faire	→ je **ferai**	courir	→ je **courrai**
avoir	→ j'**aurai**	venir	→ je **viendrai**
savoir	→ je **saurai**	tenir	→ je **tiendrai**
voir	→ je **verrai**	devoir	→ je **devrai**
envoyer	→ j'**enverrai**	recevoir	→ je **recevrai**
aller	→ j'**irai**	falloir	→ il **faudra**
vouloir	→ je **voudrai**	pleuvoir	→ il **pleuvra**

Einige unregelmäßige Verben bilden die Formen des *futur simple* nicht mit dem Infinitiv. Sie haben einen besonderen Futur-Stamm, an den du die Futur-Endungen anhängst. Diese Verbformen musst du auswendig lernen.

6.5 Die Angleichung des Partizips Perfekt
L'accord du participe passé

Die Angleichung nach être

Zusammengesetzte Zeitformen

Hier, mes parents sont rentrés à 20 heures.
Mes sœurs étaient parties, quand je me suis levé(e).

Olivier et Pierre se sont couchés à 22 heures.
S'il avait fait beau, les filles se seraient promenées.

Verben, die im *passé composé* und anderen zusammengesetzten Zeiten mit *être* konjugiert werden, gleichen das Partizip Perfekt in Genus (Geschlecht) und Numerus (Zahl) an das Subjekt an.
Bei reflexiven Verben wird das Partizip Perfekt in Genus und Numerus an das Reflexivpronomen (und damit an das Subjekt) angeglichen, wenn das Reflexivpronomen direktes Objekt ist.

Die Angleichung nach avoir

Nach dem Hilfsverb *avoir* ist das Partizip Perfekt nur dann veränderlich, wenn das direkte Objekt vor dem Partizip Perfekt steht. Das Partizip Perfekt wird dann an das direkte Objekt angeglichen. Das direkte Objekt kann nur in drei Fällen vor dem Partizip Perfekt stehen:

In Sätzen mit direktem Objektpronomen

– Das direkte Objekt ist ein direktes Objektpronomen *(me, te, le, la, nous, vous, les)*.

	Subjekt	direktes Objekt	Verb
Où est ton portable?	Je	l'	ai **oublié** au collège.
Tu aimes cette robe?	Non, je ne	l'	aurais pas **achetée**!
Tu as lu **ces blogs**?	Oui, Max me	les	avait **montrés**.
Tu as lu mes lettres?	Oui, je	les	ai **lues** hier.

In Relativsätzen mit que

– Das direkte Objekt ist das Relativpronomen *que*.

	direktes Objekt	Subjekt	Verb
Tu connais le film	**qu'**	il	avait **fait** avant?
Tu peux lire la lettre	**qu'**	elle	nous a **écrite**.
Voilà les dessins	**que**	Maya	n'aurait pas **achetés**.
Tu veux regarder les photos	**que**	j'	ai **prises** en Provence?

In Fragesätzen, die nach dem direkten Objekt fragen

– Du fragst nach dem direkten Objekt (mit *quel, combien de* oder *lequel*).

	direktes Objekt	Subjekt	Verb
Quel	livre est-ce que	tu	as **acheté** hier?
Quelle	langue est-ce que	tu	aurais **apprise**?
Combien de	concerts est-ce qu'	elle	avait déjà **donnés**?
Lesquelles de ces	photos est-ce qu'	il	a déjà **regardées**?

6.6 Der Gebrauch der Zeiten
L'emploi des temps du verbe

Gegenwart

le présent

Das *présent* verwendest du für Handlungen, die in der Gegenwart
- einmalig stattfinden,
- regelmäßig stattfinden und
- für allgemeingültige Aussagen.

Qu'est-ce qu'il **fait**? Il **répond** à ses messages.
Elle **mange** tous les jours à la cantine.
Mon frère **a** 15 ans.
Paris **est** la capitale de la France.

le présent duratif

Das *présent duratif (être en train de* + Infinitiv) verwendest du, um eine gerade stattfindende Handlung zu beschreiben.

Je **suis en train de** ranger.	Ich bin gerade dabei aufzuräumen.
Ils **sont en train de** discuter.	Sie diskutieren gerade.
On **est en train de** réfléchir.	Wir denken gerade nach.
Tu **es en train de** partir?	Willst du gerade losgehen?

Vergangenheit

le passé composé

Hier, il **a visité** la ville.
D'abord, Lise **a fait** ses devoirs. Ensuite elle **est allée** au cinéma.
Il était 8 heures. Sylvain **est parti** avec son sac.

Das *passé composé* verwendest du für Handlungen, die in der Vergangenheit
– einmalig stattgefunden haben,
– aufeinander gefolgt sind oder
– im Vordergrund einer Erzählung stehen.

l'imparfait

D'habitude, **ils prenaient** le bus à 7 heures 30.
Le vendredi soir, **je jouais** au handball avec mes copines.
Il faisait très chaud, **Sarah était** à la piscine. Puis, ...

Das *imparfait* verwendest du
– für Handlungen, die in der Vergangenheit regelmäßig stattgefunden haben, oder
– um Situationen zu schildern, die den Hintergrund einer Erzählung bilden.

le passé composé und l'imparfait

Brandon **n'était** pas là quand ses parents **sont arrivés**.
Je **regardais** par la fenêtre et j'**ai vu** un accident.

Mit dem *imparfait* drückst du aus, dass eine Handlung in der Vergangenheit bereits verlief. Währenddessen setzte plötzlich eine zweite Handlung ein. Diese schilderst du im *passé composé.*

le plus-que-parfait

Quand il est arrivé au cinéma, le film **avait** déjà **commencé**.
Quand elles sont arrivées à la plage, le soleil **s'était couché**.

Mit dem *plus-que parfait* drückst du aus, dass eine Handlung in der Vergangenheit schon vor einer anderen – ebenfalls vergangenen Handlung – stattgefunden hat.

le passé récent

Je **viens de** t'écrire. — Ich habe dir gerade geschrieben.
Nous **venons de** manger. — Wir haben gerade gegessen.

Mit dem *passé récent (venir de* + Infinitiv) drückst du aus, dass eine Handlung gerade eben erst abgeschlossen worden ist.

le passé simple et l'imparfait

Un jour, Tislit **avoua** à sa mère son amour pour Isli. Sa mère **écouta** puis en **parla** à son mari. Ce même jour, Isli **expliqua** à son père qu'il souhaitait épouser Tislit. Mais leurs parents n'**acceptèrent** pas leur amour, car ils appartenaient à deux tribus rivales.

Das *passé simple* wird – mit dem *imparfait* gemeinsam – zur Darstellung von vergangenen Ereignissen verwendet. Es tritt aber fast nur in der geschriebenen Sprache auf, vor allem in erzählenden Texten. Wichtig für dich ist also, dass du beim Lesen die Formen des *passé simple* erkennst.

Zukunft

le futur composé

Demain, je **vais aller** à Montréal.
Il **va** bientôt **passer** son bac.

Mit dem *futur composé* drückst du aus, dass eine Handlung in Zukunft stattfinden wird.

le futur simple

En juin, ma classe **fera** une balade en bateau sur le Rhin.
Si tout va bien, je **serai** à Nantes dans deux jours.

Auch mit dem *futur simple* drückst du aus, dass eine Handlung in Zukunft stattfinden wird. Du verwendest es auch im realen Bedingungssatz.

6.7 Die Bildung des conditionnel présent
La formation du conditionnel présent

Verben auf -er und -ir

parler / finir +	**-ais**	je	parler**ais**	je	finir**ais**
	-ais	tu	parler**ais**	tu	finir**ais**
	-ait	il/elle	parler**ait**	il/elle	finir**ait**
	-ions	nous	parler**ions**	nous	finir**ions**
	-iez	vous	parler**iez**	vous	finir**iez**
	-aient	ils/elles	parler**aient**	ils/elles	finir**aient**

Du bildest das *conditionnel présent,* indem du an die Infinitive der meisten Verben, die auf *-er* oder *-ir* enden, die Endungen *-ais, -ais, -ait, -ions, -iez, -aient* anhängst. Diese Endungen kennst du schon von den *imparfait*-Formen der Verben.

Besondere Verben auf -er

acheter → j'achète → j'achèterais
préférer → je préfère → je préfèrerais
appeler → j'appelle → j'appellerais
jeter → je jette → je jetterais
payer → je paie → je paierais

Bei diesen Verben auf *-er,* die eine Besonderheit in der Schreibweise haben, musst du zur Bildung des *conditionnel présent* von der 1. Person Singular Präsens ausgehen. Das ist wie im *futur simple.*

Verben auf -re

attendre → j'attendr**ais** prendre → je prendr**ais**
mettre → je mettr**ais** lire → je lir**ais**

Die Verben auf *-(d)re* verlieren im *conditionnel présent* das *-e* des Infinitivs. Auch das kennst du von den Futurformen der Verben.

Ausnahmen

être → je **serais** pouvoir → je **pourrais**
faire → je **ferais** courir → je **courrais**

avoir → j'**aurais** venir → je **viendrais**
savoir → je **saurais** tenir → je **tiendrais**

voir → je **verrais** devoir → je **devrais**
envoyer → j'**enverrais** recevoir → je **recevrais**

aller → j'**irais** il faut → il **faudrait**
vouloir → je **voudrais** pleuvoir → il **pleuvrait**

Das *conditionnel présent* dieser unregelmäßigen Verben wird mit dem gleichen Stamm gebildet, den du schon vom *futur simple* kennst (Futurstamm). (s. 6.4, S. 22–23)

Infinitiv	futur simple	conditionnel présent
être	je serai	je serais
avoir	j'aurai	j'aurais
parler	je parlerai	je parlerais
mettre	je mettrai	je mettrais
voir	je verrai	je verrais

Lerntipp: Du kannst die Formen des *futur simple* und des *conditionnel présent* der unregelmäßigen Verben gemeinsam lernen, weil sie denselben Stamm haben.

6.8 Der Gebrauch des conditionnel présent
L'emploi du conditionnel présent

Pourriez-vous l'expliquer encore une fois, s'il vous plaît?
Tu pourrais m'aider, s'il te plaît?
On **pourrait** faire un grand voyage.
Je voudrais passer une semaine à Paris.
J'aimerais bien revoir ma corres un jour.
À ta place, **je parlerais** à mes parents.
On s'ennuierait sans lecteur mp3.
S'il faisait beau, **on ferait** une promenade.

Mit Hilfe des *conditionnel présent* kannst du eine höfliche Bitte äußern,

- Vorschläge machen,
- Wünsche äußern,
- Ratschläge geben,
- Vermutungen/Annahmen äußern,
- Bedingungssätze bilden.

6.9 Die Bildung des conditionnel passé
La formation du conditionnel passé

j'	aurais parlé	je	serais arrivé/arrivée
tu	aurais parlé	tu	serais arrivé/arrivée
il/elle	aurait parlé	il/elle	serait arrivé/arrivée
on	aurait parlé	on	serait arrivés/arrivées
nous	aurions parlé	nous	serions arrivés/arrivées
vous	auriez parlé	vous	seriez arrivé(s)/arrivée(s)
ils/elles	auraient parlé	ils/elles	seraient arrivés/arrivées

Du bildest das *conditionnel passé* mit einem Hilfsverb *(avoir* oder *être)*, das im *conditionnel présent* steht, und dem Partizip Perfekt eines Verbs.
⚠ Die Verben, die das *passé composé* mit *être* bilden, bilden auch das *conditionnel passé* mit *être*. (s. 6.4, S. 21)

Nach dem Hilfsverb *être* gleichst du das Partizip dem Subjekt in Genus (Geschlecht) und Numerus (Zahl) an.

6.10 Der Gebrauch des conditionnel passé
L'emploi du conditionnel passé

Sans Alex, j'**aurais redoublé** ma 6e. ... **hätte** ich ... **wiederholt**.
Avec Léo, elle **serait allée** en France. ... **wäre** sie ... **gefahren**.

Ils **auraient pu** me le dire avant. Sie **hätten** ... **können**.

S'il avait plu, on **serait partis**. ..., **wären** wir **abgefahren**.

Mit Hilfe des *conditionnel passé* formulierst du Vermutungen und Möglichkeiten,
- Vorwürfe, die sich auf die Vergangenheit beziehen,
- irreale Bedingungssätze.

6.11 Die Bildung des subjonctif présent
La formation du subjonctif présent

		-e	... que je	regard**e**
	regard~~ent~~	**-es**	... que tu	regard**es**
ils/elles	vend~~ent~~	**-e**	... qu'il/elle/on	vend**e**
	finiss~~ent~~	**-ions**	... que nous	vend**ions**
		-iez	... que vous	finiss**iez**
		-ent	... qu'ils/elles	finiss**ent**

Den *subjonctif* bildest du aus der Verbform der 3. Person Plural Präsens, an die du die *subjonctif*-Endungen *-e, -es, -e, -ions, -iez, -ent* anhängst.

subjonctif: Stamm der 3. Pers. Pl. Präsens
+ subjonctif-Endung **(-e, -es, -e, -ions, -iez, -ent)**

être → que je sois	que nous soyons
avoir → que j'aie [ɛ]	que nous ayons [ɛjɔ̃]
aller → que j'aille [aj]	que nous allions [aljɔ̃]
faire → que je fasse	que nous fassions
prendre → que je prenne	que nous prenions
savoir → que je sache	que nous sachions
pouvoir → que je puisse	que nous puissions
venir → que je vienne	que nous venions
boire → que je boive	que nous buvions

⚠ Einige der häufig gebrauchten Verben haben unregelmäßige *subjonctif*-Formen. Du kannst die *subjonctif*-Formen in der *Liste des verbes* in deinem Schülerbuch ***À plus!* 5**, S. 128–136, nachschlagen.

6.12 Der Gebrauch des subjonctif présent
L'emploi du subjonctif présent

Il faut qu'elle <u>fasse</u> son travail plus vite.
Il est possible qu'elle <u>rentre</u> plus tard.
Je veux que vous m'<u>écoutiez</u> bien.
Il est normal que tout le monde <u>vienne</u> à l'heure.
Je trouve bizarre qu'il <u>lise</u> autant de bédés.
Victor déteste que sa sœur le <u>dérange</u> tout le temps.
Ils craignent qu'elle ne <u>dise</u> pas la vérité.
Les parents ont peur que leur fils <u>doive</u> redoubler la classe.
Nous regrettons que Louis ne <u>soit</u> plus là.
Cela m'amuse qu'Emma <u>soit</u> aussi jalouse.
C'est dommage qu'il n'<u>ait</u> pas d'ordinateur.

Den *subjonctif* musst du nach bestimmten Verben und Wendungen verwenden, die eine Notwendigkeit, eine Möglichkeit oder einen Wunsch ausdrücken. Auch nach Verben und Ausdrücken, mit denen du etwas bewertest oder ein Gefühl ausdrückst, verwendest du den *subjonctif*.

Bewerten / Gefühle ausdrücken	
Je trouve drôle/triste que Je trouve bizarre/ merveilleux que Je suis heureux/content/triste que Je suis fier/fâché que Je crains / J'ai peur que Je regrette que Quel dommage / C'est dommage que Cela m'amuse que	+ subjonctif

⚠ Nach *espérer que* steht kein *subjonctif*, sondern der Indikativ.

6.13 Die Infinitivergänzung
Le complément avec l'infinitif

Verb + Infinitiv

Daniel **aime** faire du sport.
Amélie **préfère** écrire.
Sylvain **veut** apprendre le français.
Il faut rentrer avant minuit.
Nathalie **espère** trouver une correspondante française.

Es gibt Verben und Ausdrücke, die mit Infinitiv (ohne Präposition), solche, die mit *de* + Infinitiv und solche, die mit *à* + Infinitiv verwendet werden.
Ob du eine Präposition verwenden musst und welche, musst du auswendig lernen (s. S. 63).

Le prof **fait travailler** les élèves. ... lässt die Schüler arbeiten.
Marc **laisse** parfois **gagner** son frère. ... lässt seinen Bruder gewinnen.

⚠ *Faire* + Infinitiv und *laisser* + Infinitiv werden mit *lassen* ins Deutsche übersetzt. *Faire* + Infinitiv bedeutet, jemanden dazu zu bringen, etwas zu tun. *Laisser* + Infinitiv bedeutet zuzulassen, dass jemand etwas tut. Ohne Präposition werden Infinitive auch an die folgenden Verben angeschlossen: *adorer, croire, détester, devoir, pouvoir, savoir* u. a.

Verb + à + Infinitiv

Mathieu **s'amuse à** faire le clown.
Philippe **aide** son frère **à** écrire son exposé.
Les filles **ont commencé à** préparer leur présentation.
Si vous avez des questions, n'**hésitez** pas **à** me demander.
Odile **a appris à** faire la cuisine chinoise.

Mit der Präposition *à* werden Infinitive auch an die folgenden Verben angeschlossen: *appeler, arriver, continuer, réussir* u. a.

Verb + de+ Infinitiv

Théo **accepte de** s'occuper du chien après l'école.
Les filles **ont envie d'**aller danser.
Notre équipe **est contente d'**avoir gagné le match.
Arrête de fumer, s'il te plaît.
J'**ai oublié de** fermer la fenêtre.

Mit der Präposition *de* werden Infinitive auch an die folgenden Verben und Ausdrücke angeschlossen: *arrêter de, avoir besoin/peur/raison de, ça me plaît de, décider de, demander (à qn) de, essayer de, finir de, oublier de, proposer de, rêver de* u. a.

Die vollständige Liste der Verben mit ihren Anschlüssen findest du im Anhang auf S. 63.

7 Die Präpositionen
Les prépositions

7.1 Die Präpositionen der Zeit
Les prépositions de temps

Hier findest du die Präpositionen, die du in ***À plus!*** **1–4** kennen gelernt hast.

à	deux heures	um zwei Uhr
à	demain	bis morgen
à	15 minutes de Lyon	15 Minuten von Lyon entfernt
après	l'école	nach der Schule
avant	la gym	vor dem Sportunterricht
en	juillet	im Juli
en	ce moment	im Augenblick/Moment
en	avance	zu früh
en	retard	zu spät
jusqu'à	cinq heures	bis 5 Uhr
pendant	le cours	während des Unterrichts

7.2 Die Präpositionen des Ortes
Les prépositions de lieu

aller	**à**	droite	nach rechts
	à	gauche	nach links
	à	Lyon	nach Lyon
	à	la gare	zum Bahnhof
	à	la maison	nach Hause
	à	l'école	zur Schule / in die Schule
	au	cinéma	ins Kino
	chez	Lucie	zu Lucie
	en	France	nach Frankreich
être	**à**	Lyon	in Lyon
	à	la maison	zu Hause
	à côté de	l'école	neben der Schule
	chez	Lucie	bei Lucie
	dans	la chambre	im Zimmer
	devant	la boulangerie	vor der Bäckerei
	derrière	la maison	hinter dem Haus
	en	sixième	in der 6. Klasse
	en	France	in Frankreich
	en face de	la maison	gegenüber dem Haus
	entre	Paris et Lyon	zwischen Paris und Lyon
	près de	Lyon	in der Nähe von Lyon
	sous	l'armoire	unter dem Schrank
	sur	l'étagère	auf dem Regal

7.3 Andere Präpositionen
Autres prépositions

à	pied	zu Fuß
à	la place de	anstelle von
à cause de	la pluie	wegen des Regens
avec	Pauline	mit Pauline
contre	la guerre	gegen den Krieg
de	Tarik	von Tarik
en	géographie	in Erdkunde
pour	Manon	für Manon
pour	le bruit	wegen des Lärms
sans	Valentin	ohne Valentin

7.4 Präpositionen und Artikel vor Ländernamen
Prépositions et articles devant les noms de pays

Il est / Il va	**en** France.	Il vient	**de** France.
	au Canada.		**du** Canada.
	aux Pays-Bas.		**des** Pays-Bas.

Vor weiblichen Ländernamen verwendest du *en* bzw. *de*, vor männlichen Ländernamen *au* bzw. *du* und vor Ländernamen, die im Plural stehen, verwendest du *aux* bzw. *des*.

8 Der Satz
La phrase

8.1 Die Satzteile
Les parties de la phrase

Subjekt	Verb	Ergänzung	
Adrien	rêve.		
Magalie	cherche	**son atlas.**	direktes Objekt
Léa	parle	**à une dame.**	indirektes Objekt
Elle	parle	**de Lyon.**	indirektes Objekt
L'atlas	est	**sur la table.**	Ortsangabe
Damien	part	**à sept heures.**	Zeitangabe

Sätze haben in der Regel ein Subjekt und ein Verb. Sätze können auch Ergänzungen haben. Es gibt verschiedene Arten von Ergänzungen.
Ein direktes Objekt wird direkt, d. h. ohne Präposition, an das Verb angeschlossen.
Ein indirektes Objekt wird mit einer Präposition *(à* oder *de)* an das Verb angeschlossen.

8.2 Die Wortstellung im Aussagesatz
L'ordre des mots dans la phrase déclarative

Subjekt	Objekt-pronomen	Verb	Ergänzung
Hugo		écrit	un message.
Il	l'	écrit	à sa copine.

Die Stellung der Satzglieder in einem französischen Satz ist festgelegt: Subjekt + Verb + Ergänzung. Im Präsens steht ein Objektpronomen immer direkt vor dem Verb.

Subjekt	Objekt-pronomen	Hilfsverb	Partizip Perfekt	Ergänzung
Hugo		a	écrit	un message.
Il	l'	a	écrit	à sa copine.

Im *passé composé* steht ein Objektpronomen immer direkt vor dem Hilfsverb.

Subjekt	Modalverb	Objekt-pronomen	Infinitiv	Ergänzung
Hugo	veut		écrire	à sa copine.
Elle	veut	lui	répondre.	

In Sätzen mit Modalverb + Infinitiv steht ein Objektpronomen immer vor dem Infinitiv.

Subjekt	Form von aller	Objekt-pronomen	Infinitiv	Ergänzung
Hugo	va		écrire	à sa copine.
Elle	va	lui	répondre	tout de suite.

Im *futur composé* steht ein Objektpronomen immer vor dem Infinitiv.

8.3 Die Wortstellung im verneinten Satz
L'ordre des mots dans la phrase négative

ne … pas/plus/rien/jamais/personne

Subjekt		Objekt-pronomen	Verb		Ergänzung
Hugo	n'		écrit	plus	à sa copine.
Elle	ne	lui	répond	jamais.	
Antonia	ne		connaît	personne	à Toulouse.

Im Präsens umschließen die Verneinungen *ne … pas/plus/rien/jamais/personne* das konjugierte Verb. Ein Objektpronomen steht vor dem Verb.

Subjekt		Objekt-pronomen	Hilfs-verb		Partizip Perfekt	Ergänzung
Hugo	n'		a	pas	écrit	à sa copine.
Sa copine	ne	lui	a	jamais	répondu.	
Antonia	n'		a		invité	personne.

Im *passé composé* umschließen die Verneinungen *ne … pas/plus/rien/jamais* nur das Hilfsverb.
⚠ Nur die Verneinung *ne … personne* umschließt im *passé composé* Hilfsverb **und** Partizip.

Subjekt		Modal-verb		Objekt-pronomen	Infinitiv	Ergänzung
Hugo	ne	veut	plus		écrire	à sa copine.
Sa copine	ne	veut	jamais	lui	répondre.	
Hugo	ne	veut			voir	personne.

In Sätzen mit Modalverb + Infinitiv umschließen die Verneinungen *ne … pas/plus/rien/jamais* nur das Modalverb.
⚠ Nur die Verneinung *ne … personne* umschließt das Modalverb **und** den Infinitiv.

Subjekt		Form von aller		Objekt-pronomen	Infinitiv	Ergänzung
Hugo	ne	va	pas		écrire	à sa copine.
Sa copine	ne	va	jamais	lui	répondre.	
Antonia	ne	va			inviter	personne.

Im *futur composé* umschließen die Verneinungen *ne ... pas/plus/rien/jamais* nur die Form von *aller*.
⚠ Nur die Verneinung *ne ... personne* umschließt die Form von *aller* **und** den Infinitiv.

ne ... que

Les enfants **ne** connaissent **que** Paris. ... nur...
Paul **n'**a fait **qu'**une seule faute. ... nur ...
Nos amis **ne** vont venir **que** demain. ... erst ...
Ils **ne** vont rester **que** deux jours. ... nur ...

Mit *ne ... que* kannst du eine Einschränkung ausdrücken. *Ne ... que* kann *nur* oder *erst* bedeuten. *Ne* steht vor der konjugierten Form des Verbs, *que* vor dem Satzteil, den du einschränken willst.

ne ... aucun/e

Lucas **ne** veut pratiquer **aucun** sport. ... keinen Sport ...
Myriam **n'**a fait **aucun** exercice. ... keine einzige Übung ...
Aurélie **n'**a répondu à **aucune** lettre. ... auf keinen einzigen Brief ...
Chloé **ne** connaît **aucune** fable. ... keine einzige Fabel.

Bei der Verneinung mit *ne ... aucun/e* stellst du *ne* vor das konjugierte Verb und *aucun/e* vor das zu verneinende Nomen. *Aucun/e* wird diesem Nomen im Genus (Geschlecht) angeglichen.
⚠ *Aucun/e* hat keine Pluralform.

personne ne ... / rien ne ...

Qui a perdu son portable?	**Personne n'**a perdu son portable.
Quelqu'un a téléphoné?	Aujourd'hui, **personne n'**a téléphoné.
Qu'est-ce qui est plus utile qu'un MP3?	**Rien n'**est plus utile qu'un MP3.
Qu'est-ce qui l'intéresse?	**Rien ne** l'intéresse.

Die Verneinungswörter *personne ne ...* und *rien ne ...* stehen immer vor dem Verb. (Sie sind Subjekt des Satzes.) Das Verb steht nach *personne ne ...* und *rien ne ...* immer in der 3. Person Singular.

ne … ni … ni

Sarah **ne** joue **ni** avec moi **ni** avec Juliette.
Manon **ne** va rentrer **ni** à dix heures **ni** à onze heures.
Alexis **n'**est **ni** chez Clara **ni** chez Philippe.

Die Verneinung *ne … ni … ni* besteht aus drei Teilen. *Ne* stellst du vor die konjugierte Form des Verbs. *Ni* stellst du vor die Satzteile, die du verneinen willst.

– Tu as **du café** et **du lait**?	– Je n'ai ni **café** ni **lait**.
– Paul a **un chien** ou **un chat**?	– Paul n'a ni **chien** ni **chat**.

⚠ Nach *ni* kann kein Teilungsartikel und kein unbestimmter Artikel stehen.

Elle ne fait ni l'un ni l'autre.	… weder das eine noch das andere.
Ils ne disent ni oui ni non.	… weder ja noch nein.
Je ne pars ni aujourd'hui ni demain.	… weder heute noch morgen.

Sehr geläufig ist *ne … ni … ni* in festen Redewendungen.

ni … ni … ne

Ni Naziha **ni** Redwane **ne** sont déjà allés en Europe.
Ni leurs familles **ni** leurs copains **n'**ont eu la possibilité d'y aller.

Auch die Verneinung *ni … ni … ne* besteht aus drei Teilen. *Ni* stellst du vor das Subjekt des Satzes, *ne* vor das konjugierte Verb.

8.4 Der Aufforderungssatz mit Objektpronomen
La phrase impérative avec des pronoms objet

Im bejahten Aufforderungssatz steht das Pronomen hinter dem Imperativ und wird mit einem Bindestrich angeschlossen. Anstelle der Objektpronomen *me* und *te* verwendest du die betonten Formen *moi* und *toi*.

Im verneinten Aufforderungssatz steht das Pronomen vor dem Verb.

8.5 Der Fragesatz
La phrase interrogative

Fragen ohne Fragewort

		Fragen ohne Fragewörter kannst du bilden:
Maya est ton amie? Yannick a un frère?	Intonationsfrage	– indem du einen Aussagesatz mit steigender Intonation sprichst,
Est-ce que Maya est ton amie? **Est-ce que** Yannick a un frère?	Frage mit est-ce que	– indem du *est-ce que* vor den Aussagesatz stellst,
Connaissez-vous Maya? **Vas-tu** venir? **Va-t-elle** venir? **Porte-t-on** encore le ruban vert?	Inversionsfrage	– indem du das Subjektpronomen hinter das Verb stellst. Subjekt und Verb verbindest du mit einem Bindestrich. ⚠ Endet das Verb in der 3. Person Singular auf einen Vokal, schiebst du zwischen Verb und Pronomen ein *-t-* ein.

Fragen mit Fragewort

Qu'est-ce qu'elle fait? **Pourquoi est-ce que** tu pleures? **Où est-ce que** tu vas?	Frage mit est-ce que	Fragen mit Fragewörtern kannst du ebenfalls mit *est-ce que* bilden. Dabei stellst du das Fragewort vor *est-ce que*.
Où est Miriam? **Où sont** les élèves?	Frage mit où est / où sont	Fragen mit *où est / où sont* stellst du ohne *est-ce que*.
Qui fait les courses? **Qui** habite à Lyon?	Frage mit qui	Fragen mit *qui* stellst du ohne *est-ce que*. *Qui* ist das Subjekt des Fragesatzes. *Qui* wird nie apostrophiert.
De qui est-ce que tu parles? **À qui** est-ce que tu penses?	Frage mit Präposition + qui	Das Fragewort *qui* kannst du auch mit Präpositionen verwenden. Auf *qui* folgt dann *est-ce que*.
De quoi est-ce qu'il parle? **À quoi** est-ce qu'il pense?	Frage mit Präposition + quoi	Das Fragewort *que* kannst du nicht mit Präpositionen verwenden. Anstelle von *que* steht dann *quoi*.
Où habitez-vous? **Comment va-t-elle?** **Que fait-il?**	Inversionsfrage	Auch eine Frage mit Fragewort kannst du als Inversionsfrage stellen. Dabei steht das Fragewort am Anfang der Frage, vor dem Verb.
Qu'est-ce qui intéresse les élèves? **Qu'est-ce que** tu fais? **Qu'est-ce qu'**il a fait?	Frage mit qu'est-ce qui/qu'est-ce que	Beide Fragen werden mit *Was?* ins Deutsche übersetzt. Nach dem Subjekt des Satzes fragst du mit *qu'est-ce qui*, nach dem Objekt des Satzes mit *qu'est-ce que*.
Ça fait **combien**? Tu vas **où**? Tu as **quel** âge?	Frage mit nachgestelltem Fragewort/Fragebegleiter	Im gesprochenen Französisch hörst du häufig Fragen mit nachgestelltem Fragewort/Fragebegleiter.

8.6 Der Nebensatz
La phrase subordonnée

Ils travaillent ensemble **parce qu'ils ont un test demain.**
Quand Paul veut acheter un cadeau, il va aux Galeries Lafayette.

Nebensatz			Hauptsatz
Quand Paul	**veut acheter**	**un cadeau,**	il va aux Galeries Lafayette.
Wenn Paul	ein Geschenk	kaufen will,	...

Im französischen Nebensatz haben die Satzglieder die gleiche Stellung wie im Hauptsatz: Subjekt + Verb + Ergänzung. Im Deutschen steht das Verb im Nebensatz an letzter Stelle.

8.7 Der Bedingungssatz
La condition

Der reale Bedingungssatz

Mit realen Bedingungssätzen drückst du aus, was geschehen wird, wenn eine bestimmte Bedingung erfüllt ist. Im realen Bedingungssatz verwendest du im *si*-Satz *présent*, im Hauptsatz *futur simple*.

Der irreale Bedingungssatz

Gegenwart

Mit irrealen Bedingungssätzen kannst du ausdrücken, was geschehen würde, wenn eine bestimmte Bedingung erfüllt wäre (sie **ist** es aber nicht). Im irrealen Bedingungssatz, der auf die Gegenwart bezogen ist, verwendest du im *si*-Satz *imparfait*, im Hauptsatz *conditionnel présent*.

Vergangenheit

Du kannst auch ausdrücken, was in der Vergangenheit passiert wäre, wenn eine bestimmte Bedingung erfüllt gewesen wäre (sie **war** es aber nicht).
Im irrealen Bedingungssatz, der auf die Vergangenheit bezogen ist, verwendest du im *si*-Satz *plus-que-parfait*, im Hauptsatz *conditionnel passé*.

8.8 Die indirekte Rede
Le discours indirect

Die indirekte Rede in der Gegenwart

direkte Rede/Frage	indirekte Rede/Frage
Léna dit/trouve:	Léna dit/trouve ...
«Je le vois souvent.»	... qu'elle le voit souvent.
Elle demande / veut savoir:	Elle demande / veut savoir ...
«Est-ce qu'elle vient ce soir?»	... si elle vient ce soir.
«Quand êtes-vous arrivés?»	... quand nous sommes arrivés.
«Qu'est-ce que tu vas faire?»	... ce que je vais faire.
«Qu'est-ce qui vous intéresse?»	... ce qui nous intéresse.

Die indirekte Rede leitest du mit einem Verb der Redeeinleitung und der Konjunktion *que* ein.
Die indirekte Frage leitest du mit den Verben *demander, vouloir savoir* und der Konjunktion *si (ob)* oder mit dem Fragewort aus der direkten Rede ein. Das Verb der Redeeinleitung steht im Präsens, die Verben der indirekten Rede stehen in derselben Zeit wie die Verben in der indirekten Rede.
⚠ *Est-ce que* wird in der indirekten Frage nie benutzt. *Qu'est-ce que* wird in der indirekten Frage zu ***ce que***. *Qu'est-ce qui* wird in der indirekten Frage zu ***ce qui***.

Die indirekte Rede in der Vergangenheit

direkte Rede/Frage	indirekte Rede/Frage
Elle dit/demande:	Elle a dit/demandé ...
«Je n'aime pas ce quartier.»	... qu'elle n'**aimait** pas ce quartier.
«D'habitude je travaillais le samedi.»	... qu'elle travaillait le samedi.
«Tu es allé(e) à Cannes?»	... si j'**étais allé(e)** à Cannes.
«Cela avait été très difficile.»	... que cela avait été très difficile.
«Un jour, je sortirai de ce quartier.»	... qu'un jour elle **sortirait** de ce quartier.

direkte Rede		indirekte Rede
présent	→	**imparfait**
imparfait	→	imparfait
passé composé	→	**plus-que-parfait**
plus-que parfait	→	plus-que-parfait
futur simple	→	**conditionnel présent**

Nach einem Verb der Redeeinleitung, das in der Vergangenheit steht, musst du die Zeitformen der Verben in der indirekten Rede meistens verändern: *Présent* wird zu *imparfait, passé composé* wird zu *plus-que-parfait, futur simple* wird zu *conditionnel présent*. Nur *imparfait* und *plus-que-parfait* bleiben unverändert.

8.9 Der Infinitivsatz
La phrase infinitive

Infinitivsatz	Hauptsatz
Après s'être entraînée,	Naziha est rentrée.
Nachdem sie trainiert hat,	ist Naziha nach Hause gegangen.
Après avoir regardé la télé,	elle va dans la médina.
Nachdem sie ferngesehen hat,	geht sie in die Altstadt.
Avant d'aller au lit,	elle fait ses devoirs.
Bevor sie ins Bett geht,	erledigt sie ihre Hausaufgaben.

Mit den Präpositionen *après* und *avant de* kannst du Infinitivsätze bilden. Im Infinitivsatz beschreibst du eine Handlung, die vor oder nach der Handlung, die im Hauptsatz beschrieben wird, stattgefunden hat.
Der Infinitivsatz im Französischen ersetzt einen deutschen Temporalsatz mit *nachdem* oder *bevor*.

Naziha prend une douche. Après, Naziha fait une sieste.
↓
Après avoir pris une douche, Naziha fait une sieste.

⚠ Du kannst diese Infinitivsätze nur verwenden, wenn sie dasselbe Subjekt haben wie der Hauptsatz.

Steht das Partizip Perfekt im Infinitivsatz nach *être*, musst du es dem Subjekt des Hauptsatzes angleichen.

Après être allé au concert,
il a fait l'interview.

Après être allés au concert,
ils vont manger.

Après être allée au concert,
elle a fait l'interview.

Après être allées au concert,
elles vont manger.

après avoir
après être + *participe passé*

avant de + *infinitif*

9 Das gérondif
Le gérondif

Die Bildung

parler	(nous parl~~ons~~)	→	parl**ant**	→ en parlant
ranger	(nous range~~ons~~)	→	range**ant**	→ en rangeant
finir	(nous finiss~~ons~~)	→	finiss**ant**	→ en finissant
attendre	(nous attend~~ons~~)	→	attend**ant**	→ en attendant

Das *gérondif* bildest du aus dem Stamm der 1. Person Plural, an die du die Endung *-ant* anhängst. Vor diese Form stellst du *en*. Das *gérondif* ist unveränderlich. Es wird im gesprochenen Französisch häufig verwendet.

avoir → en ayant
être → en étant
savoir → en sachant

Nur diese drei Verben bilden eine unregelmäßige *gérondif*-Form.

Der Gebrauch

→ 3: Mit einem *gérondif* kannst du

Elle lit son journal **en prenant** son petit déjeuner. – ... **beim** Frühstück / **während** sie frühstückt.
Elle téléphone à sa copine **en allant** à l'école. – ... **während** sie in die Schule geht.

– die Gleichzeitigkeit von Handlungen oder Ereignissen ausdrücken,

Elle a gagné le match **en s'entraînant** beaucoup. – ..., **indem** sie viel trainiert hat.
Il a appris le français **en regardant** la télé française. – ..., **indem** er französisches Fernsehen geschaut hat.

– die Art und Weise, wie eine Handlung geschieht, ausdrücken oder das Mittel, durch das man etwas erreicht,

En prenant le bus on serait arrivé à l'heure. – **Wenn** wir den Bus genommen hätten, ...
En partant lundi, nous éviterons des embouteillages. – **Wenn** wir am Montag losfahren, ...

– Bedingungen oder Annahmen ausdrücken. Das *gérondif* ersetzt dann einen Nebensatz mit *si*.

Elle a trouvé la solution **en m'expliquant** son problème.

Ein Objektpronomen steht direkt vor dem *gérondif*.

Das *gérondif* kann am Satzanfang und am Satzende stehen.

Il **apprend** le chinois en travaillant avec des CD.	présent	
Er lernt Chinesisch, indem er mit CDs arbeitet.		
Elle **a appris** le chinois en travaillant avec des CD.	passé composé	
Sie hat Chinesisch gelernt, indem sie mit CDs gearbeitet hat.		
J'**apprendrais** le chinois en travaillant avec des CD.	conditionnel	
Ich würde Chinesisch lernen, indem ich mit CDs arbeiten würde.		
Apprends le chinois en travaillant avec des CD.	impératif	
Lerne Chinesisch, indem du mit CDs arbeitest.		

Das *gérondif* ist zeitlich neutral; es kann in Verbindung mit allen Zeiten und in Verbindung mit dem *conditionnel* und dem *impératif* verwendet werden.

Si <u>Éric</u> allait à l'école de dance, **il** apprendrait le hip-hop.

<u>En allant</u> à l'école de dance, **Éric** apprendrait le hip-hop.

Das *gérondif* ersetzt in der Regel Adverbialsätze, deren Subjekt mit dem des Hauptsatzes übereinstimmt.

Il ne faut pas parler en mangeant.	Mit vollem Munde spricht man nicht.
L'appétit vient en mangeant.	Der Appetit kommt beim Essen.
La fortune vient en dormant.	Das Glück kommt im Schlaf.

Nur in festen Redewendungen bezieht sich das *gérondif* nicht auf das Subjekt des Satzes.

10 Der Satz
La phrase

10.1 Die mise en relief
La mise en relief

Hervorhebung des Subjekts

- Est-ce que la Réunion est constituée de plusieurs groupes d'îles?
- Non, **c'est** <u>l'archipel de la Guadeloupe</u> **qui** est constitué de plusieurs groupes d'îles.

- Est-ce que Marie-Galante est la plus grande île de l'archipel?
- Non, **ce sont** <u>la Basse-Terre et la Grande-Terre</u> **qui** sont les plus grandes îles de l'archipel.

Wenn du im Französischen Satzteile besonders hervorheben willst, verwendest du sie mit *c'est / ce sont … qui* oder *c'est / ce sont … que. C'est / Ce sont* stellst du vor und *qui/que* hinter die Wörter, die du hervorheben willst.
Mit *c'est … qui* betonst du ein Subjekt im Singular, mit *ce sont … qui* betonst du ein Subjekt im Plural. Das Verb nach *qui* richtet sich immer nach dem Subjekt, das du betonst. Im Deutschen gibt es diese Möglichkeit der Hervorhebung nicht. Im Deutschen werden einzelne Satzteile in der gesprochenen Sprache durch besondere Betonung hervorgehoben.

⚠ *Qui* wird nie apostrophiert.

Hervorhebung der Ergänzung

Mit *c'est … que* und *ce sont … que* kannst du alle Ergänzungen hervorheben:

– direkte Objekte,

– Les esclaves ont cultivé des melons?
– Non, **c'est** la canne à sucre **qu'**ils ont cultivée.

– indirekte Objekte,

– Il a raconté l'histoire de la Guadeloupe à ses frères?
– Non, **c'est** à ses copains **qu'**il l'a racontée.

– Zeitangaben,

– Est-ce que la Réunion devient un département français en 1950?
– Non, **c'est** en 1946 **que** la Réunion devient un département français.

– Ortsangaben.

– Christoph Colomb a débarqué à Basse-Terre?
– Non, **c'est** à Marie-Galante **qu'**il a débarqué.

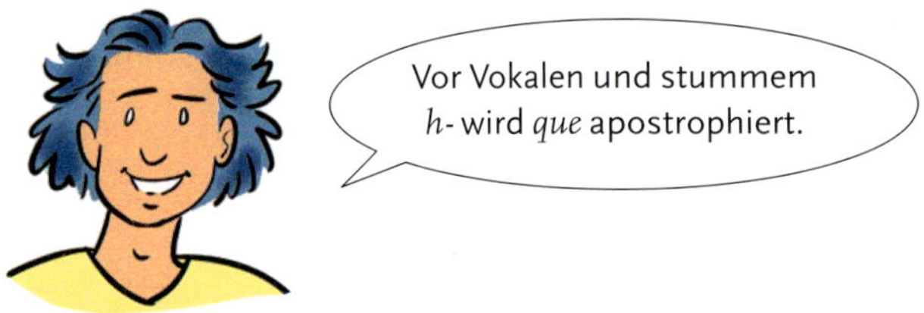

→ 2: *C'est / ce sont … qui* verwendest du zur Hervorhebung des Subjekts. *C'est / ce sont … que* verwendest du zur Hervorhebung von Ergänzungen.

Hervorhebung des Subjekts:	**c'est … qui**
	ce sont … qui
Hervorhebung der Ergänzung:	**c'est … que**
	ce sont … que

10.2 Die Inversionsfrage (rezeptiv) L'interrogation par inversion

Das weißt du schon

Faites-vous du sport?
Où **habitez-vous**?
Comment **va-t-elle**?
De quoi **rêve-t-il**?
Ne **trouvez-vous** pas que c'est génial?

Eine Inversionsfrage kannst du immer dann bilden, wenn das Subjekt ein Pronomen ist (s. 8.5, S. 36). Ist eine Inversionsfrage verneint, so umschließt die Verneinungsklammer Verb und Subjektpronomen.

→ 4: Eine Inversionsfrage bildest du, indem du das Subjektpronomen hinter das Verb stellst. Verb und Subjektpronomen verbindest du mit einem Bindestrich. Endet ein Verb in der 3. Person Singular auf einen Vokal, schiebst du zwischen Verb und Pronomen ein -t- ein.

Das ist neu

Vos frères **ont-ils** aussi joué au foot?

Thuram **va-t-il** encore jouer pour les bleus?

Pourquoi Thuram n'**est-il** pas devenu prêtre?

Ist das Subjekt aber ein Eigenname oder ein Nomen, bleibt es vor dem Verb stehen und wird nach dem Verb als Pronomen wiederholt.
Diese Frageform gehört der Schriftsprache an. Du kannst sie häufig in Schlagzeilen von Zeitungen finden.

Grammatische Begriffe, die in Dossier 1 verwendet werden
Le vocabulaire grammatical du dossier 1

deutsche Bezeichnung	Fremdwort	französische Bezeichnung
	das Gerundium	le gérondif
die Hervorhebung		la mise en relief
die Inversionsfrage		l'interrogation par inversion

11 Das Pronomen
Le pronom

11.1 Das Demonstrativpronomen
Le pronom démonstratif

Der Demonstrativ**begleiter** steht immer in Verbindung mit einem Nomen.

Das weißt du schon

männlich		weiblich
ce métier	cet avion	cette question
ces métiers	ces avions	ces questions

Das ist neu

Es gibt im Französischen auch ein Demonstrativpronomen, das anstelle eines Nomens steht. Das Demonstrativpronomen gleichst du in Geschlecht und Zahl dem Nomen an, das es vertritt. Mit dem Demonstrativpronomen weist du auf eine oder mehrere Personen oder Sachen hin.

– Tu prends le pantalon à 35 euros?	– Non, je prends celui à 22 euros.
– Est-ce que ce sont tes jeux vidéo?	– Non, ce sont ceux de mon frère.
– Tu parles de quelle fille?	– De celle qui joue du piano.
– Tu préfères quelles baskets?	– Celles à 49 euros.

	♂	♀
Singular	celui	celle
Plural	ceux	celles

Die französischen Demonstrativpronomen stehen nie alleine. Auf *celui, celle, ceux, celles* folgt eine weitere Angabe:

– Tu connais quelle fille?	– Celle **qui joue du piano**.	– ein Relativsatz,
– Ce sont tes CD?	– Ce sont ceux **de ma sœur**.	– eine Ergänzung mit *de* oder *à*,
– Tu veux avoir quels billets?	– Ceux **à 30 euro**.	
– Quel cadeau est pour moi?	– Celui-**ci**. / Celui-**là**.	– *-ci* oder *-là*.

Demonstrativbegleiter	Demonstrativpronomen
ce métier / cet avion	celui
cette fille	celle
ces films	ceux
ces questions	celles

⚠ Verwechsle nicht die Demonstrativ**begleiter**, die immer vor einem Nomen stehen, mit den Demonstrativ**pronomen**, die immer anstelle eines Nomens stehen.

11.2 Das Pronomen en
Le pronom *en*

Das weißt du schon

Das Pronomen *en* ersetzt:

– Quand est-ce que tu reviens de Lyon? – J'**en** reviens lundi.

– Ortsangaben mit *de*,

– Je t'ai déjà parlé de ce projet? – Oui, tu m'**en** as parlé hier.
– Tu prends un quart de pizza? – Oui, j'**en** prends un quart.
– Tu as acheté des souvenirs? – Non, je n'**en** ai pas acheté.
– Tu manges de la viande? – Non, je n'**en** mange pas.

– indirekte Objekte mit *de*,
– Mengenangaben mit *de*,
– direkte Objekte mit unbestimmtem Artikel oder Teilungsartikel.

Das ist neu

Mit dem Pronomen *en* ersetzt du auch Infinitivergänzungen mit *de*.

Yara rêve de vivre à Lyon. Elle **en** rêve depuis longtemps.

Vous êtes sûrs de gagner le match? Oui, on **en** est sûrs.

11.3 Das Pronomen y
Le pronom y

Das weißt du schon

Das Pronomen *y* ersetzt Ortsangaben, die z. B. mit *à, chez, dans, en, sur, sous* eingeleitet werden.

– Quand est-ce que tu vas à Bordeaux? – J'**y** vais demain.
– Est-ce que Lise est en Angleterre? – Non, elle n'**y** est plus.

Das ist neu

Das Pronomen *y* ersetzt auch andere Ergänzungen mit *à*.
Diese Ergänzungen können sein:
– indirekte Sachobjekte mit *à*,

– Édith a répondu à ton SMS? – Oui, elle **y** a répondu.

– Tu as pensé à mon CD? – Oui, j'**y** ai pensé. Le voilà.

– Infinitivergänzungen mit *à*.

– Yussuf est décidé à rester à Paris? – Oui, il **y** est décidé.

– Tu as pensé à fermer les fenêtres? – Non, je n'**y** ai pas pensé!

→ 5a: Das Pronomen *en* steht für Ergänzungen, die mit der Präposition *de* eingeleitet werden, und das Pronomen *y* steht für Ergänzungen, die mit der Präposition *à* eingeleitet werden.
⚠ Um zu entscheiden, welches Pronomen du brauchst, um eine Ergänzung zu ersetzen, musst du wissen, welche Präposition auf ein Verb folgt. (s. 21, S. 63)

→ 5b: 1. *Non, je n'en ai pas envie.* 2. *J'y ai répondu tout de suite.* 3. *On ne sait pas si on va gagner, mais il faut y croire.* 4. *J'en rêve tout le temps.*

12 Das Verb
Le verbe

12.1 Das Partizip Präsens (rezeptiv)
Le participe présent

Die Bildung

regarder → nous regard~~ons~~ → regard**ant**
ranger → nous range~~ons~~ → range**ant**
choisir → nous choisiss~~ons~~ → choisiss**ant**
attendre → nous attend~~ons~~ → attend**ant**

📖 → 3: Das *participe présent* bildest du aus dem Stamm der 1. Person Plural, an den du die Endung *-ant* anhängst. Das *participe présent* ist unveränderlich.

avoir → **ayant**
être → **étant**
savoir → **sachant**

Nur diese drei Verben haben ein unregelmäßiges *participe présent*. Alle anderen Verben bilden das *participe présent* regelmäßig.

Der Gebrauch

Mit einem *participe présent* kannst du

Il a choisi la musique **allant** avec le film. — ... **qui va** avec le film.

– einen Relativsatz, der mit *qui* beginnt, ersetzen,

Travaillant à son compte, il n'a pas d'emploi sûr. — **Comme il travaille** à son compte, ...

– einen Kausalsatz (Satz, der einen Grund angibt), der mit *parce que* oder *comme* beginnt, ersetzen.

Ne parlant **pas** le japonais, Sophie n'a pas compris les touristes.
Ne connaissant **personne** à Lyon, Rémy restera dans un hôtel.

Das *participe présent* wird wie andere Verbformen auch in die Verneinungsklammer eingeschlossen.

Travaillant **le dimanche**, Pierre est libre le lundi.
Arrivant **trop tard**, nous avons raté notre bus.

Das *participe present* kann nicht alleine stehen. Du musst es immer zusammen mit einer Ergänzung verwenden.

Regardant par la fenêtre, **je vois** un café. — présent
Regardant par la fenêtre, **elle a vu** un accident. — passé composé
Regardant par la fenêtre, **il voyait** les Alpes. — imparfait

Das *participe présent* ist zeitlich neutral. Es kann in Verbindung mit allen Zeiten stehen.

⚠ Vergleiche *participe présent* und *gérondif*: Mit dem *gérondif* ersetzt du einen Nebensatz, der mit *et, quand* oder *si* beginnt, sofern Haupt- und Nebensatz das gleiche Subjekt haben. Das *gérondif* wird im gesprochenen Französisch häufig verwendet. Mit dem *participe présent* ersetzt du einen Relativsatz, der mit *qui* beginnt, oder einen Kausalsatz. Das *participe présent* wird vor allem in der Schriftsprache verwendet (z. B. in Zeitungsartikeln, in Annoncen), selten im gesprochenen Französisch.

12.2 Der subjonctif

Le subjonctif

Das weißt du schon

Der subjonctif nach bestimmten Verben und Wendungen

Il faut que je prenne un peu de recul.
Il est possible que ce ne soit pas le bon choix.
Benoît souhaite que ses parents le comprennent.
Élise craint que le concours soit trop dur.
C'est normal qu'elle réfléchisse encore un peu.

Im Französischen musst du nach Verben und Wendungen, die eine Notwendigkeit, eine Vermutung, einen Wunsch, einen Willen oder ein Gefühl ausdrücken, und nach Verben oder Ausdrücken, mit denen du etwas bewertest, den *subjonctif* verwenden. (s. 6.12, S. 28)

Der Indikativ nach espérer

J'espère que Didier va venir nous voir en août.
Ich hoffe, dass Didier uns im August besuchen kommt.
J'espère que ça ne m'arrivera plus.
Ich hoffe, dass mir das nicht mehr passieren wird.

⚠ Nach *espérer* steht der Indikativ, nicht der *subjonctif*.

Das ist neu

Der subjonctif nach Konjunktionen

Bien qu'il soit fatigué, il sort avec ses amis.
Le soir, Sophie veut rentrer **avant qu'**il fasse trop noir.
Le jeu continue **jusqu'à ce qu'**il y ait un joueur qui gagne.
Il faut travailler avec Marie **pour qu'**elle puisse avoir le bac.
Théo et Julie se rencontrent **sans que** leurs parents le sachent.

Auch nach den Konjunktionen *bien que, avant que, jusqu'à ce que, pour que* und *sans que* musst du den *subjonctif* verwenden.

Der subjonctif in verneinten Sätzen

Bejahter Satz: Tatsache	Verneinter Satz: Vermutung
Je trouve qu'il faut rester.	**Je ne trouve pas qu'**il faille rester.
Je pense que Lise a raison.	**Je ne pense pas que** Lise ait raison.

Der Indikativ steht nach:	Der subjonctif steht nach:
J'ai l'impression que	Je n'ai pas l'impression que
Je suis d'avis que	Je ne suis pas d'avis que
Je crois que	Je ne crois pas que
Je suis sûr que	Je ne suis pas sûr que
Je m'imagine que	Je ne m'imagine pas que
Je pense que	Je ne pense pas que
Je trouve que	Je ne trouve pas que

Nach einigen Verben wird nicht in jedem Fall der *subjonctif* verwendet. In den bejahten Sätzen ist der Sprecher überzeugt, dass er bleiben muss / dass Lise Recht hat. Für ihn sind das Tatsachen. In den verneinten Sätzen ist sich der Sprecher nicht so sicher. Nach Verben und Ausdrücken des Sagens, Meinens oder Denkens steht im bejahten Satz oft der Indikativ und im verneinten Satz meist der *subjonctif*.

Tatsache	Wunsch
1. J'ai un correspondant **qui** a le même âge que moi.	4. Je cherche un correspondant **qui** ait le même âge que moi.
2. J'ai un métier **qui** est bien payé et **qui** me plaît.	5. Je voudrais un métier **qui** me plaise et **qui** soit bien payé.
3. Nous avons une voiture **qui** est assez grande pour toute la famille.	6. Il nous faut une voiture **qui** soit assez grande pour toute la famille.

Auch in Relativsätzen steht unter bestimmten Umständen der *subjonctif*. In den Sätzen 1–3 informiert der Relativsatz über eine tatsächliche Eigenschaft, die der Brieffreund (der Beruf, das Auto) hat. Diese tatsächliche Eigenschaft gibt der Sprecher im Indikativ wieder. In den Sätzen 4–6 informiert der Relativsatz über eine Eigenschaft, die der Brieffreund, (der Beruf, das Auto) haben soll. Um diesen Wunsch auszudrücken, wird im Relativsatz der *subjonctif* verwendet.

Grammatische Begriffe, die in Dossier 2 verwendet werden
Le vocabulaire grammatical du dossier 2

deutsche Bezeichnung	Fremdwort	französische Bezeichnung
das hinweisende Fürwort	das Demonstrativpronomen	le pronom démonstratif
das Mittelwort der Gegenwart	das Partizip Präsens	le participe présent

13 Das Possessivpronomen
Le pronom possessif

	männlich		weiblich	
Singular	le mien le tien le sien	le nôtre le vôtre le leur	la nôtre la vôtre la leur	la mienne la tienne la sienne
Plural	les miens les tiens les siens	les nôtres les vôtres les leurs		les miennes les tiennes les siennes

J'ai oublié mon portable. Tu me prêtes **le tien**?
Ta sœur est plus grande que **la mienne**.
Notre professeur de français est plus gentil que **le vôtre**.
Ce sont mes baskets ou **les tiennes**?

Du kennst schon die Possessivbegleiter *mon, ton, son, notre, votre, leur*. Hier lernst du die Possessivpronomen kennen. Die Possessivpronomen verwendest du immer mit dem bestimmten Artikel.

Die Possessivpronomen werden in Genus (Geschlecht) und Numerus (Zahl) dem Nomen angeglichen, das sie vertreten.

Im Deutschen können zwei Possessivbegleiter vor einem Nomen stehen, z. B.: *Ist das dein oder mein Buch?* Im Französischen können nicht zwei Possessivbegleiter vor einem Nomen stehen. Anstelle des zweiten Possessivbegleiters verwendest du im Französischen das Possessivpronomen.

⚠ Die Possessivbegleiter der 1. und 2. Person Plural unterscheiden sich auch in der Aussprache von den Possessivpronomen: *C'est notre* [nɔtʀ] *classe. – C'est la nôtre* [notʀ]. *Voilà votre* [vɔtʀ] *prof. Voilà la vôtre* [votʀ].

📖 → 3: 1. *Je ne trouve pas le mien.* 2. *La mienne est bulgare.* 3. *Dans le nôtre, ce n'est pas possible.*

14 Das Passiv (rezeptiv)
Le passif

Le traité franco-allemand de coopération **est signé** en 1963.
... wird unterzeichnet ...
L'Union Européenne **est créée** en 1992.
... wird geschaffen ...
En 2002, l'euro **a été introduit** dans beaucoup de pays européens.
... ist ... eingeführt worden.
21 langues **ont été acceptées** comme langues officielles de l'UE.
... sind ... anerkannt worden.

Das Passiv wird mit einer konjugierten Form des Hilfsverbs *être* und dem Partizip Perfekt eines Vollverbs gebildet. Das Partizip Perfekt wird in Genus (Geschlecht) und Numerus (Zahl) dem Subjekt des Satzes angeglichen.

Aktiv	Passiv	
il **présente** er stellt vor	il **est présenté** er wird vorgestellt	présent
il **présentait** er stellte vor	il **était présenté** er wurde vorgestellt	imparfait
il **a présenté** er hat vorgestellt	il **a été présenté** er ist vorgestellt worden	passé composé
il **avait présenté** er hatte vorgestellt	il **avait été présenté** er war vorgestellt worden	plus-que-parfait
il **présentera** er wird vorstellen	il **sera présenté** er wird vorgestellt werden	futur simple

Wie im Aktiv gibt es auch im Passiv verschiedene Zeiten.

	Subjekt	direktes Objekt
Aktiv	Un officier allemand a interrompu	le spectacle.
	Subjekt	„Urheber"
Passiv	Le spectacle a été interrompu **par**	un officier allemand.

Das direkte Objekt des Aktivsatzes wird zum Subjekt des Passivsatzes.

Den „Urheber" *(l'officier allemand)* gibst du mit *par* an.

→ 2a: Im Passiv wird das Partizip Perfekt immer dem Subjekt angeglichen.
→ 2b: *Ein Offizier unterbricht die Vorstellung. Die Vorstellung wird von einem Offizier unterbrochen. Ein Offizier hat die Vorstellung unterbrochen. Die Vorstellung ist von einem Offizier unterbrochen worden. Die Offiziere werden die Verbrüderung bestrafen. Die Verbrüderung wird von den Offizieren bestraft werden.* An der Form von *être* kannst du erkennen, in welcher Zeit das Passiv steht.

Grammatische Begriffe, die in Dossier 3 verwendet werden
Le vocabulaire grammatical du dossier 3

deutsche Bezeichnung	Fremdwort	französische Bezeichnung
die Leideform	das Passiv	le passif
das besitzanzeigende Fürwort	das Possessivpronomen	le pronom possessif

15 Das futur antérieur (rezeptiv)
Le futur antérieur

Die Bildung

j'	aurai	écrit	je	serai	parti/partie
tu	auras	écrit	tu	seras	parti/partie
il/elle/on	aura	écrit	il/elle/on	sera	parti(s)/partie(s)
nous	aurons	écrit	nous	serons	partis/parties
vous	aurez	écrit	vous	serez	parti(s)/partie(s)
ils/elles	auront	écrit	ils/elles	seront	partis/parties

→ 2a: Das *futur antérieur* wird aus der *futur-simple*-Form eines Hilfsverbs *(avoir* oder *être)* und dem *participe passé* des Vollverbs gebildet. Nach dem Hilfsverb *être* gleichst du das Partizip in Genus (Geschlecht) und Numerus (Zahl) an das Subjekt an.

Der Gebrauch

Gegenwart — Zukunft

Elle dit:	Quand **j'aurai passé** le bac	j'**irai** à Paris.
	futur antérieur	futur simple

→ 2b: Mit dem *futur antérieur* wird ein Geschehen geschildert, das sich in der Zukunft aber noch vor einem anderen, ebenfalls zukünftigen Ereignis abspielen wird. Das im *futur antérieur* geschilderte Geschehen liegt also näher an der Gegenwart.

16 Die Stellung zweier Pronomen im Satz
La place de deux pronoms dans la phrase

Das weißt du schon

Du weißt schon, dass du Ergänzungen durch Pronomen ersetzen kannst.

Elsa a passé deux mois **à Paris**. → Elle **y** a passé deux mois.
Hier, elle est revenue **de Paris**. → Elle **en** est revenue.
Elsa montre **ses photos** à Éric. → Elsa **les** montre à Éric.
Éric pose mille questions **à Elsa**. → Éric **lui** pose mille questions.

Das ist neu

In einem Satz kannst du nicht nur eine Ergänzung durch ein Pronomen ersetzen, sondern auch zwei. Im Französischen stehen beide Pronomen vor dem Verb.

	direktes Objekt	indirektes Objekt	
L'animateur pose	**les questions**	**aux jeunes.**	
	↓	↓	
L'animateur	**les**	**leur**	pose.

Élisabeth **me** montre **ses photos**.	Elle	**me**	**les**	montre.
Je **te** traduis **la phrase**.	Je	**te**	**la**	traduis.
On **nous** raconte **l'histoire**.	On	**nous**	**la**	raconte.
Elle **vous** donne **le livre**.	Elle	**vous**	**le**	donne.

Die indirekten Objektpronomen *me, te, nous, vous* stehen immer **vor** den direkten Objektpronomen *le, la, les.*

me **te** **nous** **vous**	**le** **la** **les**	+ Verb

Elle a donné **sa vie** **aux pauvres**.	Elle	**la**	**leur**	a donnée.
L'animateur pose **la question** **à Zohra**.	L'animateur	**la**	**lui**	pose.

Die indirekten Objektpronomen *lui* und *leur* stehen **hinter** den direkten Objektpronomen *le, la, les*.

le **la** **les**	**lui** **leur**	+ Verb

Je **l'**ai vu **à l'hôtel**.	Je	**l'**	**y**	ai vu.
Il **y** avait **peu de spectateurs**.	Il	**y**	**en**	avait peu.
Il **nous** a parlé **de Taizé**.	Il	**nous**	**en**	a parlé.
Veux-tu priver **les gens** **de leurs voitures**?	Veux-tu	**les**	**en**	priver?

Die Pronomen *y* und *en* stehen immer hinter dem Objektpronomen. *En* steht zuletzt.

Grammatische Begriffe, die in Dossier 4 verwendet werden
Le vocabulaire grammatical du dossier 4

deutsche Bezeichnung	Fremdwort	französische Bezeichnung
	das Futur II	le futur antérieur

17 Möglichkeiten der Wiedergabe des deutschen Passivs
Les formes qui remplacent le passif allemand

Passiv im Deutschen	Aktiv im Französischen
Auf der Post **wird** Französisch **gesprochen**.	À la poste, **on parle** français.
Die Kinder **wurden gesucht**.	**On cherchait** les enfants.
Die Dörfer **sind** nahe am Fluss **gebaut worden**.	**On a construit** les villages près du fleuve.
Schließlich **ist** das Projekt **realisiert worden**.	Finalement, le projet **s'est réalisé**.
Das Passiv **wird** selten **verwendet**.	Le passif **s'emploie** rarement.

Im Französischen (vor allem in der gesprochenen Sprache) wird das Passiv weitaus seltener verwendet als im Deutschen.

🕮 → 2a: Ein deutscher Passivsatz kann im Französischen wiedergegeben werden durch
– einen Aktivsatz mit *on,*
– einen Aktivsatz mit einem reflexiven Verb.

🕮 → 2b: 1. *On parle français dans plus de vingt pays en Afrique.*
2. *Beaucoup de projets se réalisent.*
3. *On a construit une route de goudron à travers le Mali.*

18 Liste der grammatischen Begriffe
Liste des expressions grammaticales

In dieser Liste findest du alle Begriffe wieder, die in den Grammatikheften ***À plus!* 1** bis **5** verwendet werden. Die Zahlen in Klammern geben dir den Abschnitt und die Seite an, auf der du ausführliche Erklärungen zu den Begriffen findest. Suchst du einen Begriff, der aus Nomen und einem anderen Wort besteht, musst du unter dem Nomen nachsehen. Erklärungen zum bestimmten Artikel findest du also unter: Artikel, bestimmter.

Adjektiv
(un adjectif), Eigenschaftswort. Beschreibt Personen oder Sachen. Die meisten französischen Adjektive stehen hinter dem Nomen: *un livre **intéressant**.* (2, S. 9–11)

Adverb
(un adverbe), Umstandswort. Beschreibt → Verben, → Adjektive oder andere Adverbien näher: *Elle parle **vite**.* Viele Adverbien kann man an ihren Endungen *-ment, -amment, -emment, -ément* erkennen: *heureusement, couramment.* (3, S. 11–12; 11, S. 34; 16, S. 44)

Akzent
(un accent). Im Französischen gibt es drei Akzente, die über einem → Vokal stehen können: *é (accent aigu), è (accent grave), ê (accent circonflexe).*

Apostroph
(une apostrophe), Auslassungszeichen. Zeigt an, dass an dieser Stelle ein → Vokal ausgelassen wurde: *l'armoire, j'habite.*

Artikel, bestimmter
(un article défini), bestimmtes Geschlechtswort. Im Französischen gibt es zwei bestimmte Artikel für den Singular: *le* und *la*. Der bestimmte Artikel im Plural ist *les*. Einen sächlichen Artikel gibt es im Französischen nicht: ***le** garçon, **la** fille, **les** parents.* (1.1, S. 7)

Artikel, unbestimmter
(un article indéfini), unbestimmtes Geschlechtswort. Im Französischen gibt es zwei unbestimmte Artikel im Singular: ***un** atlas, **une** cassette. Un* und *une* haben eine gemeinsame Pluralform, die es im Deutschen nicht gibt: ***des** livres / Bücher.* (1.1, S. 7)

Artikel, zusammengezogener
(un article contracté). Die → bestimmten Artikel *le* und *les* werden mit den → Präpositionen *à* und *de* zusammengezogen: *à + le = au; à + les = aux: aller **au** cinéma; de + le = du; de + les = des: la chambre **des** parents.*

Aussagesatz
(la phrase déclarative). Ils écoutent une cassette. / Sie hören eine Kassette. (8.2, S. 33)

Bedingungssatz, irrealer
(la condition irréelle). Zusammengesetzter Satz, der aus → Haupt- und → Nebensatz besteht. Sagt aus, was in der Gegenwart geschehen würde, wenn eine bestimmte Bedingung erfüllt wäre, oder was in der Vergangenheit geschehen wäre, wenn eine bestimmte Bedingung erfüllt gewesen wäre. (8.7, S. 37)

Bedingungssatz, realer
(la condition réelle). Zusammengesetzter Satz, der aus → Haupt- und → Nebensatz besteht. Sagt aus, was geschehen wird, wenn eine bestimmte Bedingung erfüllt ist. (8.7, S. 37)

Befehlsform → Imperativ

Begleiter
(le déterminant). Wort, das Nomen näher bestimmt. Es gibt verschiedene Begleiter: → bestimmter Artikel, → unbestimmter Artikel, → Demonstrativbegleiter, → Fragebegleiter, → Possessivbegleiter, → unbestimmter Begleiter.

Begleiter, unbestimmter
(le déterminant indéfini), Indefinitbegleiter. Der unbestimmte Begleiter *tout* wird dem → Nomen angepasst, vor dem er steht: ***toute** la classe.* Der unbestimmte Begleiter *chaque* steht vor Nomen im → Singular und ist unveränderlich: ***chaque** année.* (1.1, S. 7)

Beugung → Konjugation

Bruchzahl
(la fraction). Besteht aus Zähler und Nenner: ***deux tiers**.* (5, S. 18)

conditionnel (présent, passé)
(Konditional I und II). Das *conditionnel présent* wird verwendet, um höfliche Fragen oder Bitten, Vorschläge oder Ratschläge zu formulieren: ***Pourriez**-vous m'aider?; On **pourrait** aller au cinéma. Conditionnel présent* oder *conditionnel passé* stehen im → irrealen Bedingungssatz im Hauptsatz. Für das *conditionnel* gibt es im Deutschen keine Entsprechung. Es wird meist mit dem Konjunktiv wiedergegeben. (6.7–6.10, S. 26–27)

Demonstrativbegleiter
(le déterminant démonstratif), hinweisender Begleiter. Weist auf eine bestimmte Person oder Sache hin: ***ce** livre*, ***cette*** maison, ***cet** élève*, ***ces** films*. (1.1, S. 7)

Demonstrativpronomen
(le pronom démonstratif), hinweisendes Fürwort. Steht anstelle eines → Nomens oder Eigennamens. Es wird in Geschlecht und Zahl an das Nomen angeglichen, das es vertritt. *Tu achètes quelle robe? **Celle-là.*** Auf ein Demonstrativpronomen folgt immer eine weitere Angabe: ein → Relativsatz, eine Ergänzung mit einer → Präposition, *-ci* oder *-là*. (11.1, S. 44)

Eigenschaftswort → Adjektiv

Einschränkung
(la restriction). Mit der → Verneinung mit *ne ... que* (nur, erst) kannst du etwas einschränken. Das Satzglied, das eingeschränkt werden soll, steht hinter *que*. *Il **ne** vont partir **que** samedi. / Sie fahren erst am Samstag weg. Il **n'a** retrouvé **que** sa mère. / Er hat nur seine Mutter wiedergefunden.* (8.3, S. 34)

Einzahl → Singular

Endung
(la terminaison). Teil eines Wortes, das an den Stamm des Wortes angefügt wird: *les cassettes* (Endung *-s* für den Plural); *Elle est grande.* (Endung *-e* für die feminine Form.) Bei Verben zeigt die Endung an, in welcher Person und Zeit ein Verb verwendet wird: *nous jou**ons*** (1. Person Plural Präsens).

Ergänzung
(le complément). Satzteil, der eine Ergänzung zum Verb darstellt. Es gibt verschiedene Ergänzungen: → direktes Objekt, → indirektes Objekt, Ortsangabe.

feminin
(féminin), weiblich → Genus

Frage, indirekte
(l'interrogation indirecte). Mit der indirekten Frage gibst du wieder, was eine andere Person gefragt hat. Die indirekte Frage wird mit dem → Fragewort der direkten Frage oder der → Konjunktion *si* eingeleitet: *Il demande pourquoi tu n'es pas là. Elle veut savoir si tu viens plus tard.* (8.8, S. 38)

Fragebegleiter
(le déterminant interrogatif), Interrogativbegleiter. Begleiter, mit dem du nähere Informationen zu einem Nomen erfragst. *Quel* wird dem Nomen angeglichen, vor dem es steht: ***Quel** livre?* (1.1, S. 7)

Fragepronomen
(le pronom interrogatif). Mit dem Fragepronomen fragt man nach Personen oder Sachen: *Lequel? Laquelle? Lesquels? Lesquelles?* Im Unterschied zum → Fragebegleiter stehen Fragepronomen alleine, d. h. ohne folgendes Nomen: *– Tu as lu son livre? – Lequel?* (4.5, S. 18)

Fragesatz
(une interrogation). Es gibt mehrere Möglichkeiten, einen Fragesatz zu bilden: die → Intonationsfrage, die → Frage mit *est-ce que*, die → Inversionsfrage, die → Frage mit Fragewort, die Frage mit dem → Fragebegleiter *quel*. (8.5, S. 36)

Fragewort
(le pronom interrogatif). Fragewort, mit dem man nach Personen oder Sachen fragt: ***Qui** peut m'aider? **Quoi?*** Im Unterschied zu → Fragebegleitern stehen Fragewörter alleine, d. h. ohne folgendes Nomen. (8.5, S. 36)

français familier
(„Umgangssprache"). Das *français familier* wird in der Familie, im Freundeskreis und unter Jugendlichen verwendet. Es zeichnet sich durch Wörter, Formen und Verkürzungen aus, die im → *français standard* als falsch oder sehr nachlässig gelten.

français standard
(„Standardsprache"). Das *français standard* wird im Gespräch mit Fremden und weniger bekannten Erwachsenen verwendet.

Fürwort → Pronomen

futur antérieur
(Futur II). Bezeichnet eine Handlung in der Zukunft, die vor einer anderen Handlung in der Zukunft abgeschlossen ist. *Quand **j'aurai fini** l'école, je ferai un grand voyage. Wenn ich die Schule beendet habe, werde ich eine große Reise machen.* (15, S. 52)

futur composé
(zusammengesetzte Zukunft). Zeitform des Verbs, mit der du ausdrücken kannst, dass eine Handlung in der Zukunft stattfinden wird. Es wird aus einer Präsensform des Verbs *aller* und dem Infinitiv eines Verbs gebildet: *Je **vais aller** chez Lucie.* (6.4, S. 22; 6.6, S. 25)

futur simple
(einfaches Futur). Zeitform des Verbs, mit der du ausdrücken kannst, dass eine Handlung in der Zukunft stattfinden wird. Im Unterschied zum → *futur composé* besteht das *futur simple* nur aus einer Verbform: *je **mangerai***. (6.4, S. 22; 6.6, S. 25)

Gegenwart → Präsens

Genus
(le genre), Geschlecht eines Wortes. Im Französischen gibt es nur zwei Geschlechter: männlich oder weiblich. Ein neutrales (sächliches) Geschlecht gibt es im Französischen nicht.

gérondif
(Gerundium). Verbform, für die es im Deutschen keine Entsprechung gibt. Mit dem *gérondif* kann man Nebensätze, die mit *quand, et* oder *si* beginnen, ersetzen, allerdings nur dann, wenn → Hauptsatz und → Nebensatz das gleiche Subjekt haben. *Il mange **en regardant** la télé. Er isst, während er Fernsehen sieht.* (9, S. 40)

Geschlecht → Genus

Geschlechtswort → Artikel

Grundform des Verbs → Infinitiv

Hauptsatz
(la proposition principale). Satz, der mindestens aus einem Subjekt und einem Verb besteht: *Sophie parle.* Ein Hauptsatz kann im Gegensatz zum → Nebensatz alleine stehen.

Hauptwort → Nomen

Hervorhebung → mise en relief

Hilfsverb
(le verbe auxiliaire). Zur Bildung des → *passé composé*, des → *plus-que-parfait* und des → *conditionnel passé* gibt es im Französischen zwei Hilfsverben: *avoir* und *être. Il* ***a*** *parlé. Elle* ***est*** *allée.* Zur Bildung des → *futur composé* wird das Hilfsverb *aller* verwendet: *Nous* ***allons*** *travailler.* (6.3, S. 20)

imparfait
Zeitform der Vergangenheit. Wird hauptsächlich zur Schilderung einer Situation, eines Zustands in der Vergangenheit verwendet und für Handlungen, die sich in der Vergangenheit wiederholt haben oder zur Gewohnheit geworden sind: *Il y* ***avait*** *du soleil.* (6.4, S. 21; 6.6, S. 25)

Imperativ
(un impératif), Befehlsform. Mit den Imperativformen eines Verbs kannst du eine oder mehrere Personen auffordern, etwas zu tun: ***Regarde. Regardons. Regardez.*** Der Imperativ wird auch häufig mit → Pronomen verwendet: ***Regarde-moi.*** (8.4, S. 35)

Imperativ, verneinter
(un impératif négatif). Mit dem verneinten → Imperativ kannst du eine oder mehrere Personen auffordern, etwas zu unterlassen: ***Ne pleure plus.*** Der verneinte Imperativ wird auch häufig mit → Pronomen verwendet: ***Ne me regarde pas*** *comme ça.* (8.4, S. 35)

Indefinitbegleiter → Begleiter, unbestimmter

Indefinitpronomen
(un pronom indéfini), unbestimmtes Fürwort. *Quelque chose (etwas)* und *tout (alles)* stehen für nicht näher bestimmte Sachen: *J'ai vu* ***quelque chose.*** *Il a* ***tout*** *oublié. Chacun/e (jede/r)* steht für nicht näher bestimmte Personen: ***Chacun*** *chante une chanson.*

Indikativ
(l'indicatif), Wirklichkeitsform. Sagt aus, was wirklich ist, gewesen ist oder sein wird. Im Unterschied zum → *subjonctif* und zur Möglichkeitsform (→ *conditionnel).*

Infinitiv
(un infinitif), Grundform. Form eines Verbs, die zu keiner Person gehört: ***jouer, attendre, faire.*** In dieser Form findest du Verben im Wörterbuch.

Infinitivergänzung
(un complément avec l'infinitif). Einige → Verben können Infinitive mit oder ohne Präposition anschließen. Die Verben *aimer, préférer* und *détester* sowie → Modalverben schließen einen Infinitiv ohne Präposition an: *Ils aiment* ***jouer.*** Andere Verben schließen Infinitive mit der Präposition *à* oder *de* an: *commencer* ***à faire*** *qc, arrêter* ***de faire*** *qc.* (6.13, S. 29–31; 21, S. 63)

Infinitivsatz
(la phrase infinitive). Mit den Präpositionen *avant de* und *après* kannst du Infinitivsätze bilden, mit denen du Vor- oder Nachzeitigkeit ausdrücken kannst. Einen Infinitivsatz kannst du nur verwenden, wenn er das gleiche Subjekt hat wie der Hauptsatz: ***Avant de partir,*** *Éric m'a donné son adresse.* ***Après avoir rangé*** *ma chambre, j'ai retrouvé l'adresse d'Éric.* (8.9, S. 39)

Interrogativbegleiter → Fragebegleiter

Interrogativpronomen
→ Fragepronomen

Intonation
(une intonation), Satzmelodie: das Heben und Senken der Stimme im Satz.

Inversionsfrage
(une interrogation par inversion). Frage, in der das Subjekt nach dem Verb steht: ***Parlez-vous*** *français?* (10.2, S. 42)

Komparativ
(le comparatif), Vergleichsform. 1. Steigerungsform des → Adjektivs: *Yann est* ***plus grand*** *que Sophie.* (2.4, S. 10) 2. Steigerungsform des → Adverbs: *Sophie parle* ***plus vite*** *que Yann.* (3.4, S. 13)

Konjugation
(la conjugaison). Beugung, Anpassung eines Verbs an das Subjekt: *Elle* ***joue.*** *Il* ***a*** *un chien.*

Konjunktion
(la conjonction), Bindewort. Wörter, mit denen du zwei Satzteile *(Paul* ***et*** *Pauline)* oder Sätze *(Manon aime la danse* ***et*** *Valentin aime les livres.)* verbinden kannst, z. B. *et, ou, mais, quand, parce que* (→ Satz), und mit denen du die → indirekte Frage *(si)* und die → indirekte Rede *(que)* einleitest. Nach einigen Konjunktionen muss der → *subjonctif* verwendet werden: *Ils sortent* ***sans que*** *leurs parents le sachent.* (12.2, S. 47)

Konsonant
(la consonne), Mitlaut *(b, c, d, f, g ...)*

männlich → maskulin

maskulin
(masculin), männlich → Genus

Mehrzahl → Plural

Mengenangaben
(les quantifiants), z. B.: *un pot de, une bouteille de, un peu de, beaucoup de.* Im Französischen verwendest du nach Mengenangaben immer *de*: *un kilo* ***de*** *farine.* (1.2, S. 8)

mise en relief
(Hervorhebung), besondere Betonung eines Satzteils. Das Subjekt wird durch *c'est/ce sont ... qui,* Ergänzungen durch *c'est/ce sont ... que* hervorgehoben: ***C'est** Sophie **qui** m'a téléphoné. **C'est** son roman **que** j'aime.* (10.1, S. 41)

Mitlaut → Konsonant

Modalverb
(le verbe modal), Hilfswort. *Pouvoir, vouloir, devoir, savoir* sind Modalverben. Wenn auf ein Modalverb ein Verb folgt, steht es im → Infinitiv: *Elle **veut** chanter.* (6.1, S. 19; 8.2, S. 33; 8.3, S. 33)

Nebensatz
(la proposition subordonnée). Satz, der von einem → Hauptsatz abhängig ist und nicht alleine stehen kann: *J'ai revu la fille **que je veux inviter.*** Es gibt verschiedene Nebensätze, z. B. den → Relativsatz.

Nomen
(le nom), Hauptwort. Wort, das eine Sache oder Person bezeichnet und meistens einen Begleiter hat: *le **copain**, ma **copine**.*

Numerus
(le nombre) die Zahl. Es gibt → Singular und → Plural.

Objekt, direktes
(le complément d'objet direct). Ergänzung, die ohne Präposition direkt nach dem Verb steht. *Je range **ma chambre**.* (8.1, S. 32)

Objekt, indirektes
(le complément d'objet indirect). Ergänzung, die mit einer Präposition an das Verb angeschlossen wird. *Il parle **à son prof**.* (8.1, S. 32)

Objektpronomen, direktes
(le pronom objet direct). Fürwort, mit dem ein → direktes Objekt ersetzt werden kann. *Il cherche le CD. – Il **le** cherche.* (8.2–8.3, S. 33)

Objektpronomen, indirektes
(le pronom objet indirect). Fürwort, mit dem ein → indirektes Objekt ersetzt wird: *Je donne le livre à Yann. – Je **lui** donne le livre.* (8.2–8.3, S. 33)

Ordnungszahl
(le nombre ordinal). Zahl, mit der du etwas aufzählst: *ma **première** question, leur **deuxième** chanson.*

Partizip Perfekt
(le participe passé), Mittelwort der Vergangenheit. Form des Verbs, die du zur Bildung des → *passé composé,* des → *plus-que-parfait* und des → *conditionnel passé* brauchst: *Il a **parlé**.* Nach dem Hilfsverb *être* wird das Partizip Perfekt an das Subjekt angeglichen: *Elles sont **allées**.* Nach dem Hilfsverb *avoir* wird es an das → direkte Objekt angeglichen, wenn dieses vor dem Verb steht: *Voilà les photos que j'ai **prises**.* (6.5, S. 23)

Partizip Präsens
(le participe présent), Mittelwort der Gegenwart. Wird vor allem im geschriebenen Französisch verwendet. Mit dem *participe présent* kann man einen Relativsatz ersetzen: *Il a des questions **concernant** un métier.* Mit dem *participe présent* kann man auch einen Kausalsatz ersetzen: ***Travaillant** beaucoup, il ne voit pas souvent sa copine.* (12.1, S. 46)

passé composé
(zusammengesetzte Vergangenheit), Zeitform der Vergangenheit. Wird aus der Präsensform eines → Hilfsverbs und einem → Partizip Perfekt gebildet: *Il **a écouté**. Elle **est tombée**.* (6.4, S. 21; 6.6, S. 25)

passé récent
(venir de faire + Infinitiv). Zeitform der Vergangenheit, mit der du ausdrückst, dass eine Handlung gerade beendet wurde. *Il **vient de manger**.* (6.6, S. 25)

passé simple
(einfache Vergangenheit). Zeitform der Vergangenheit, die fast nur in der geschriebenen Sprache verwendet wird und deren Gebrauch etwa dem des → *passé composé* in der gesprochenen Sprache entspricht: *Elle **parla** à son mari.* (6.4, S. 22; 6.6, S. 25)

Passiv
(le passif), Leideform. Wird gebildet mit dem Hilfsverb *être* und dem Partizip Perfekt des entsprechenden Verbs. Der Urheber wird – sofern er genannt wird – mit *par* angegeben. Oftmals wird der Urheber jedoch nicht angegeben. Die Zeit, in der das Verb im Passiv steht, erkennst du an der Form von *être*. *Le spectacle **est interrompu par** un officier. (présent). Die Vorstellung wird von einem Offizier unterbrochen.* (14, S. 50)

Personalpronomen, unverbundenes
(le pronom personnel disjoint). Moi, toi, lui, elle, nous, vous, eux, elles verwendest du alleinstehend, nach Präpositionen und nach *c'est / ce sont: Yann est rentré avec **eux**.* Die unverbundenen Personalpronomen können mit *-même (selbst)* verstärkt werden: *lui-même.* (4.1, S. 14)

Personalpronomen, verbundenes
(le pronom personnel conjoint). Persönliches Fürwort: *Je, tu, il, elle, on, nous, vous, ils, elles* verwendest du vor konjugierten Verbformen: ***Vous** êtes d'accord?* (4.1, S. 14)

Plural
(le pluriel), Mehrzahl. Die Mehrzahl eines Wortes wird durch seine Endung angezeigt. Bei → Nomen und → Adjektiven meistens mit *-s: la maison – les maisons; grand – grands.* Einige Nomen haben besondere Pluralformen. (1.3, S. 8) Der Plural der → bestimmten Artikel *le* und *la* ist *les*, der Plural der → unbestimmten Artikel *un* und *une* ist *des*.

Plusquamperfekt
(le plus-que-parfait), Tempus der Vergangenheit. Wird aus der *imparfait*-Form eines → Hilfsverbs und einem → Partizip Perfekt gebildet. Das Plusquamperfekt bezeichnet Handlungen, die vor anderen, ebenfalls in der Vergangenheit liegenden Handlungen, stattgefunden haben: *Lundi, il était crevé parce qu'**il avait** beaucoup **travaillé** dimanche.* (6.4, S. 21; 6.6, S. 25)

Possessivbegleiter
(le déterminant possessif), besitzanzeigender Begleiter. Gibt den Besitz oder die Zugehörigkeit an: ***ma** chambre, **notre** appartement.* (1.1, S. 7)

Possessivpronomen
(le pronom possessif), besitzanzeigendes Fürwort. Pronomen, das ein Besitzverhältnis ausdrückt. *Ton frère est plus grand que **le mien**. Dein Bruder ist größer als meiner.* (13, S. 49)

Präposition
(la préposition), Verhältniswort. Zeigt zeitliche, räumliche und andere Beziehungen zwischen Personen oder Sachen an: ***après** l'école, **dans** la chambre.* (7, S. 31–32)

Präsens
(le présent), Gegenwart. Zeitform des → Verbs.

présent duratif
(être en train de + Infinitiv*)*. Wird zum Beschreiben einer gerade stattfindenden Handlung verwendet. *Il **est en train** de manger.* (6.6, S. 24)

Pronomen
(le pronom), Fürwort. Wörter, mit denen du Nomen oder Eigennamen ersetzen kannst. Es gibt verschiedene Pronomen: → Personalpronomen, → direkte Objektpronomen, → indirekte Objektpronomen, → Demonstrativpronomen, → Fragepronomen, → Relativpronomen, → Reflexivpronomen, → Indefinitpronomen, die Pronomen *en* und *y*. (4.2–4.3, S. 15; 11.2–11.3, S. 45)

Pronomen, unbestimmtes
→ Indefinitpronomen

Rede, direkte
(le discours direct), wörtliche Wiedergabe einer Äußerung. Die direkte Rede wird in Anführungszeichen gesetzt. (8.8, S. 38)

Rede, indirekte
(le discours indirect). Mit der indirekten Rede gibst du wieder, was eine andere Person gesagt hat. Die indirekte Rede wird im Französischen immer mit der Konjunktion *que* eingeleitet: *Elle dit **que** ...* In der indirekten Rede der Vergangenheit steht das Verb der Redeeinleitung in der Vergangenheit und du musst die meisten Zeitformen der Verben verändern: *Il a dit: «Je joue chaque jour.» / Il a dit **qu'il jouait** chaque jour.* (8.8, S. 38)

Reflexivpronomen
(le pronom réfléchi), rückbezügliches Fürwort. Reflexivpronomen begleiten ein → reflexives Verb. Sie stehen in der gleichen Person wie das Subjekt des Satzes: *Je **me** sens bien. Ils **s'**occupent des oiseaux.*

Relativpronomen
(le pronom relatif), bezügliches Fürwort. Bezieht sich auf Personen, Sachen oder Sachverhalte, über die etwas Genaueres ausgesagt werden soll, und verbindet Sätze miteinander: *C'est le chien **que** je cherche. Pierre, c'est un copain **qui** joue du piano. Je ne comprends pas **ce que** tu veux dire. Tu sais **ce qui** m'intéresse? Où est le parc **où** tu promènes ton chien? C'est le livre **dont** il a parlé. C'est le train avec **lequel** ils sont allés en France.* (4.4, S. 15)

Relativsatz
(la proposition relative), Bezugssatz. Nebensatz, der von einem → Relativpronomen eingeleitet wird. Er gibt zusätzliche Informationen zu Personen oder Sachen, die im Hauptsatz erwähnt werden: *Dans ma classe, il y a une fille **qui veut apprendre la trompette**.* Wird mit dem Relativsatz ein Wunsch ausgedrückt, steht das → Verb im Relativsatz im → *subjonctif*: *Il me faut un ami qui me **comprenne**.* (12.2, S. 47)

Satz
(la phrase). Besteht mindestens aus Subjekt und Verb. Es gibt verschiedene Arten von Sätzen: → Aussagesatz und → Fragesatz. Ein zusammengesetzter Satz besteht aus → Hauptsatz und → Nebensatz.

Selbstlaut → Vokal

Singular
(le singulier), Einzahl. Singularformen gibt es bei → Nomen, → Verben, → Adjektiven, → Pronomen und → Begleitern.

Stamm
(le radical). Ein Verb besteht aus einem Stamm und einer Endung: *nous **parl**ons.*

Subjekt
(le sujet), Satzgegenstand. Der Teil eines Satzes, über den etwas ausgesagt wird. ***Lucie** est drôle.* Nach dem Subjekt fragst du mit „*Wer?*" oder „*Was?*". (8.1–8.3, S. 32–34)

subjonctif
Form des → Verbs. Nach bestimmten Verben, Ausdrücken und → Konjunktionen sowie in einigen Fällen in Relativsätzen musst du den *subjonctif* eines Verbs verwenden. Der *subjonctif* steht in einem → Nebensatz, der mit *que* eingeleitet wird: *Il faut que **je fasse** mes devoirs ce soir.* (6.11–6.12, S. 28; 12.2, S. 47)

Superlativ
(le superlatif). 1. Höchste Steigerungsform des → Adjektivs: *Notre amitié est la chose **la plus importante** au monde.* (2.5, S. 11) 2. Höchste Steigerungsform des → Adverbs: *Elsa travaille **le plus vite** de tous.* (3.5, S. 13)

Tätigkeitswort → Verb

Teilungsartikel
(l'article partitif). Im Französischen gibt es neben dem → bestimmten und dem → unbestimmten Artikel noch den Teilungsartikel, der unbestimmte Mengen begleitet: ***de l'**eau, **du** café, **de la** farine.* Im Deutschen gibt es keinen Teilungsartikel. (1.2, S. 8)

Verb
(le verbe), Tätigkeitswort. Verben bezeichnen Handlungen. Sie bestehen aus einem → Stamm und einer → Endung. Verben werden an das → Subjekt eines Satzes angeglichen: *Maria et Roberto* ***visitent*** *Paris.*

Verb, reflexives
(le verbe pronominal), rückbezügliches Tätigkeitswort. Verb, dessen Subjekt und Objekt dieselbe Person oder Sache sind und das von einem → Reflexivpronomen begleitet wird: *Nous* ***nous préparons.*** Reflexive Verben bilden das *passé composé* und die anderen zusammengesetzten Zeitformen mit *être*. Nicht jedes Verb, das im Französischen reflexiv ist, ist es im Deutschen auch. (6.1, S. 19)

Vergangenheit, zusammengesetzte
→ passé composé

Vergleichsform → Komparativ

Verhältniswort → Präposition

Verneinung
(la négation). Die französische Verneinung besteht in der Regel aus zwei Teilen: *ne ... pas/plus/jamais/rien/personne/que/aucun(e)*. *Elle* ***ne*** *téléphone* ***pas****. Il* ***n'a rien*** *acheté*. Verneinungen mit *ne ... ni ... ni* und *ni ... ni ... ne* bestehen aus drei Teilen und entsprechen dem deutschen *weder ... noch*: *Je* ***ne*** *connais* ***ni*** *Lyon* ***ni*** *Nantes.* ***Ni*** *Emma* ***ni*** *Olivier* ***ne*** *sont venus*. Die Verneinung mit *ne ... que* beschreibt eine → Einschränkung. (8.3, S. 33–35)

Vokal
(la voyelle), Selbstlaut *(a,e,i,o,u)*.

weiblich → feminin (Genus)

Zukunft, zusammengesetzte
→ futur composé

19 Die Verbendungen
Les terminaisons des verbes

indicatif présent			subjonctif présent	imparfait	conditionnel présent	futur simple	passé simple		
-e	-s	-x	-e	-ais	-ais	-ai	-ai	-is	-us
-es	-s	-x	-es	-ais	-ais	-as	-as	-is	-us
-e	-t/-d	-t	-e	-ait	-ait	-a	-a	-it	-ut
-ons			-ions	-ions	-ions	-ons	-âmes	-îmes	-ûmes
-ez			-iez	-iez	-iez	-ez	-âtes	-îtes	-ûtes
-ent			-ent	-aient	-aient	-ont	-èrent	-irent	-urent

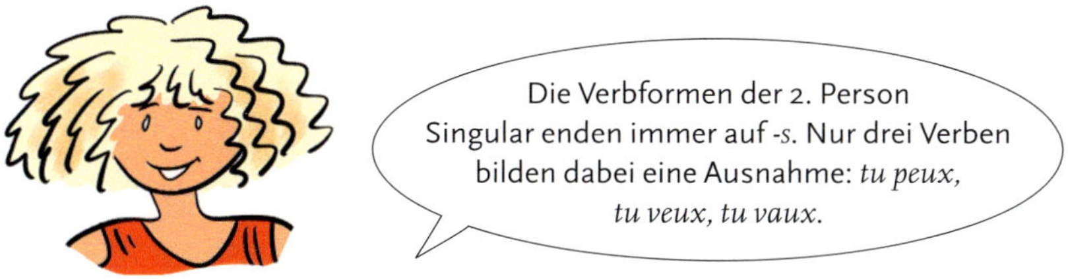

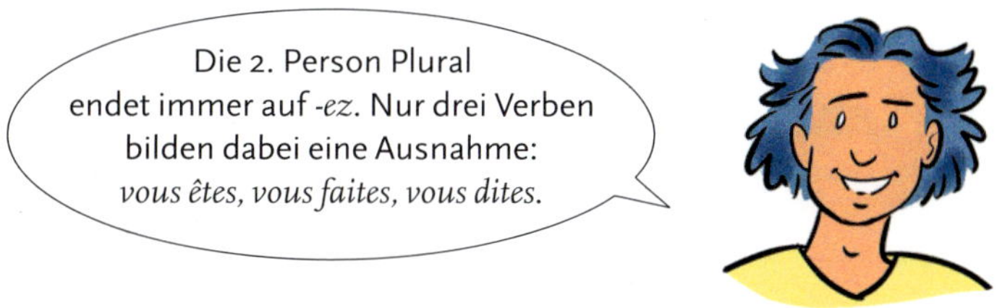

20 Die Bildung der einzelnen Verbformen
La formation des différentes formes du verbe

Die folgende Zusammenfassung zeigt, von welcher Verbform du andere Verbformen ableiten kannst. Unregelmäßige Verben weichen von diesem Schema ab.

vom Infinitiv	leitest du ab:	
finir	futur composé	je vais finir
	futur simple	je finirai
	conditionnel présent	je finirais
	passé simple	je finis
von den Präsensformen	leitest du ab:	
je finis	Imperativ Singular	Finis.
tu finis		
il finit		
nous finissons	imparfait	je finissais
	Imperativ 1. Person Plural	Finissons.
	participe présent	finissant
	gérondif	en finissant
vous finissez	Imperativ 2. Person Plural	Finissez.
ils finissent	subjonctif présent	que je finisse

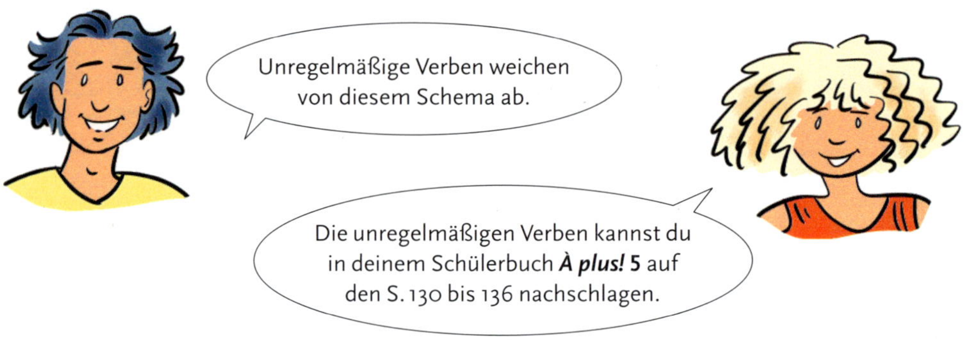

21 Die Verben und ihre Ergänzungen
Les verbes et leurs compléments

accepter de + *Inf.* akzeptieren etw. zu tun
adorer + *Inf.* etw. gerne mögen
aider qn à + *Inf.* jmd helfen etw. zu tun
aimer + *Inf.* etw. gerne machen
s'amuser à + *Inf.* Spaß haben, etw. zu tun
appeler qn à + *Inf.* jdn aufrufen/auffordern etw. zu tun
apprendre à + *Inf.* lernen etw. zu tun; **apprendre qc à qn** jdm beibringen etw. zu tun
arrêter de + *Inf.* aufhören etw. zu tun
arriver à + *Inf.* schaffen etw. zu tun
attendre qn/qc auf jdn/etw. warten
avoir besoin de + *Inf.* etw. tun müssen; **avoir besoin de qn/qc** jdn/etw. brauchen
avoir envie de + *Inf.* Lust haben etw. zu tun; **avoir envie de qc** auf etw. Lust haben
avoir peur de + *Inf.* Angst haben etw. zu tun
avoir raison de + *Inf.* etw. zu Recht tun
avouer qc (à qn) (vor) jdm etw. zugeben
causer qc etw. bewirken
changer qc etw. (ver-)ändern; **changer de qn/qc** jdn/etw. wechseln
commencer à + *Inf.* beginnen etw. zu tun; **commencer par qn/qc** mit jdm/etw. anfangen
comparer qn/qc à qn/qc jdn/etw. mit jdm/etw. vergleichen
conduire qn à qn/qc jdn zu jdm/etw. hinbringen
confronter qn à qn/qc jdn mit jdm/etw. konfrontieren
conseiller qc à qn jdm etw. raten
consister en qc aus etw. bestehen, sich aus etw. zusammensetzen
continuer à + *Inf.* fortfahren etw. zu tun, etw. weitermachen
correspondre à qn/qc jdm/etw. entsprechen
craindre qn/qc jdn/etw. fürchten
croire qc etw. glauben; **croire qn +** *adj.* jdn für etw. halten
se décider à + *Inf.* sich entschließen etw. zu tun; **décider de** + *Inf.* beschließen etw. zu tun; **décider de qc** über etw. entscheiden
demander qc à qn jdn etw. fragen; **demander (à qn) de** + *Inf.* jdn bitten etw. zu tun
dépendre de qn/qc von jdm/etw. abhängen
détester + *Inf.* etw. sehr ungerne tun
dire qc à qn jdm etw. sagen
discuter de qc sich über etw. unterhalten
se disputer qc sich um etw. streiten
donner qc à qn jdm etw. geben
écouter qn jdm zuhören, auf jdn hören
empêcher qn de + *Inf.* jdn daran hindern etw. zu tun
enlever qc à qn jdm etw. wegnehmen
espérer + *Inf.* hoffen etw. zu tun
essayer de + *Inf.* versuchen etw. zu tun
être entrain de + *Inf.* gerade dabei sein etw. zu tun
faire qn + *Inf.* jdn veranlassen etw. zu tun
finir de + *Inf.* etw. abschließen, etw. zu Ende tun; **finir par** + *Inf.* schließlich etw. tun
s'habituer à + *Inf.* sich daran gewöhnen etw. zu tun
hésiter à + *Inf.* zögern etw. zu tun
s'identifier à qn sich mit jdm identifizieren
s'intéresser à qn/qc sich für jdn/etw. interessieren
laisser qn + *Inf.* jdn etw. tun lassen
se moquer de qn/qc sich über jdn/etw. lustig machen
s'opposer à qn/qc sich jdm/etw. widersetzen
oser + *Inf.* sich trauen etw. zu tun
oublier de + *Inf.* vergessen etw. zu tun
se passer de qn/qc jdn/etw. entbehren
se plaindre de qn/qc sich über jdn/etw. beschweren
penser + *Inf.* die Absicht haben etw. zu tun; **penser à** + *Inf.* daran denken etw. zu tun
permettre à qn de + *Inf.* jdm erlauben etw. zu tun
plaire (à qn) de + *Inf.* jdm gefallen etw. zu tun
pouvoir + *Inf.* etw. tun können *in der Lage sein / die Erlaubnis haben etw. zu tun*
préférer + *Inf.* etw. lieber tun
prendre l'habitude de + *Inf.* die Gewohnheit annehmen etw. zu tun
(se) promettre de + *Inf.* sich vornehmen etw. zu tun
proposer de + *Inf.* vorschlagen etw. zu tun
refuser de + *Inf.* ablehnen etw. zu tun
regretter de + *Inf.* bedauern etw. zu tun
renoncer à + *Inf.* darauf verzichten etw. zu tun
réussir à + *Inf.* schaffen etw. zu tun
rêver de + *Inf.* davon träumen etw. zu tun
rimer avec qc sich auf etw. reimen
savoir + *Inf.* etw. tun können *die Fertigkeit erlernt haben etw. zu tun*
souhaiter + *Inf.* wünschen etw. zu tun
se souvenir de qn/qc sich an jdn/etw. erinnern
se spécialiser en qc sich auf etw. spezialisieren
téléphoner à qn jdn anrufen
venir de + *Inf.* gerade etw. getan haben
se voir + *Nomen/Adj.* sich sehen als + Nomen/Adj.
vouloir + *Inf.* gerne etw. tun wollen

Am besten lernst du die Verben gleich mit ihren Anschlüssen.

22 Bedeutungsveränderung bei Adjektiven
Les différents sens d'un adjectif

Einige Adjektive verändern ihre Bedeutung, je nachdem, ob sie voran- oder nachgestellt werden.

un **cher** ami	lieb	une voiture **chère**	teuer
une **pauvre** fille	bedauernswert	une fille **pauvre**	arm
un **grand** homme	groß, berühmt	un homme **grand**	groß
un **vrai** copain	echt, wirklich	une histoire **vraie**	wahr
une **jeune** fille	jung	un professeur **jeune**	jugendlich wirkend
un **long** moment	lang *zeitlich*	une rue **longue**	lang *räumlich*
mon **seul** ami	einzig	un homme **seul**	allein, einsam
le **dernier** jour	letzter	le mois **dernier**	vorig
les **différentes** solutions	verschieden, mehrere	des opinions **différentes**	unterschiedlich

23 Wie man ein Adjektiv gegenteiliger Bedeutung bildet
Comment former le contraire d'un adjectif

Häufig bildet man von einem Adjektiv das Gegenteil, indem man das Präfix **in-** *voranstellt:*

in [ɛ̃]

confortable – **in**confortable
dépendant/e – **in**dépendant/e
direct/e – **in**direct/e
juste – **in**juste
sensible – **in**sensible
tolérant/e – **in**tolérant/e

in [in]

humain/e – **in**humain/e
intelligent/e – **in**intelligent/e
intéressant/e – **in**intéressant/e
officiel/le – **in**officiel/le
utile – **in**utile

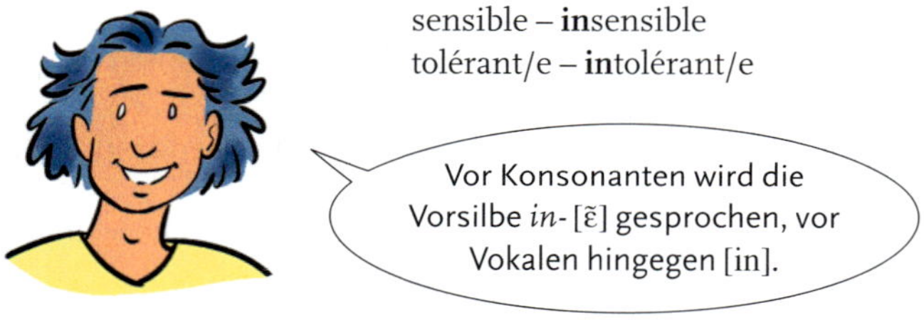

Merke

in *wird zu*

im- *vor* b *und* p
possible – **im**possible
prudent/e – **im**prudent/e

il- *vor* l
limité/e – **il**limité/e

ir- *vor* r
responsable – **ir**responsable